Diseño de portada: Brianna Harden
Ilustración de portada y lettering: Amalia Andrade

© Amalia Andrade, 2015
c/o Indent Literary Agency
www.indentagency.com

Derechos reservados

© 2019, Editorial Planeta Mexicana, S.A. de C.V.
Bajo el sello editorial PLANETA M.R.
Avenida Presidente Masarik núm. 111, Piso 2
Polanco V Sección, Miguel Hidalgo
C.P. 11560, Ciudad de México
www.planetadelibros.com.mx

Primera edición en formato epub: noviembre de 2019
ISBN: 978-607-07-6101-0

Segunda edición impresa en México: febrero de 2019
Vigésima cuarta reimpresión en México: marzo de 2024
ISBN: 978-607-07-5713-6

Si necesita fotocopiar o escanear algún fragmento de esta obra diríjase al
CeMPro (Centro Mexicano de Protección y Fomento de los Derechos de Autor,
http://www.cempro.org.mx).

Impreso en los talleres de Litográfica Ingramex, S.A. de C.V.
Centeno núm. 162-1, colonia Granjas Esmeralda, Ciudad de México.
Impreso en México - *Printed in Mexico*

PARA LA MAMMA,
QUE ME ENSEÑÓ QUE EL AMOR ES UN
SUPER PODER.

PARA MAMÁ.

No importa la hora ni el día
se cierran los ojos
se dan tres golpes con el
pie en el suelo,
se abren los ojos
y todo sigue exactamente igual

    — BLANCA VARELA

Is there a word for when you are young
and pretending to have lived and loved
a thousand lives? Is there a German word
for that? Seems like there should be. Let's
say it is Schaufenfrieglasploit.

    — AMY POEHLER

ANTES DE COMENZAR A LEER

Este libro es apto para ~~la~~ oops! gente que:

- ☐ Tiene el corazón roto porque el amor de su vida se fue.
- ☐ Tiene el corazón roto porque dejó ir al amor de su vida y ahora está arrepentido/a.
- ☐ Nació con el corazón roto.
- ☐ Está en proceso de duelo por la muerte de su perro, gato o o boa constrictor.
- ☐ Se peleó para siempre con su mejor amigo/amiga.
- ☐ se rompió el corazón

☐ Falleció alguien a quien amaba con el alma.

☐ Se peleó para siempre con su novio/novia imaginaria.

☐ OTRO: _____

_____

_____

(escribe aquí tu caso, prometo total confidencialidad). *

* EXCEPTO SI ERES TINA FEY, CAT POWER, BRADLEY COOPER O RYAN GOSLING.

TU NOMBRE AQUÍ

OTROS POSIBLES TÍTULOS

1. LO QUE LA GENTE PROMETE CUANDO SE QUIERE - Instrucciones para lidiar con promesas no cumplidas, corazones rotos y otras complicaciones del desamor.

2. ENCICLOPEDIA COMPACTA DEL DESAMOR, DESAFECTO, DISTANCIA Y SENTIMIENTOS AFINES.

3. _____

(escribe aquí un posible título)

INCLUYE STICKERS*

ESTOS STICKERS PUEDEN SER UTILIZADOS
CUANDO SIENTA QUE HAY PROGRESO EN
SU PROCESO O CUANDO:

— Haya pasado más de una semana sin
llorar en público.

— Se haya abstenido de escribir tuits
pasivo - agresivos.

— No le haya pedido en más de tres
días a su amigo/a que lo tiene en
Instagram que le muestre fotos.

— Se ha bañado, ha ido al trabajo y
ha comido bien en las últimas 24
horas.

⋆ LOS ENCUENTRA AL FINAL DEL LIBRO

I THINK THAT THE WORST PART OF IT ALL WASN'T LOSING HIM. IT WAS LOSING ME.

TAYLOR SWIFT

Cantante y experta en conflictos sentimentales. Posible alien.

CAPÍTULO

LLA

UNO

NTO

Acción de derramar lágrimas en señal de dolor, tristeza, alegría o necesidad. Suele estar acompañado de lamentos o sollozos.

Nunca le he contado esto a nadie pero cargo a cuestas un amor no resuelto. Un amor silencioso y privado que ya no existe y que nadie supo que existió. Un amor que no acabé yo, que no se me acabó. A veces siento ganas de llorarla y no puedo. He tratado de hacerlo por otra cosa, lo que sea: por una película, por una canción, por los dolores de mi mamá, por ese video de YouTube en el que un novio pide matrimonio con una comparsa al ritmo de una canción de Bruno Mars, por la foto de un gato muerto.

Pero no sirve. No lloro.

No la lloro y presiento que es una mala señal, que las lágrimas se acumularán vertiginosamente escondiéndose en alguna parte de mi cuerpo, tal vez en el codo o en el dedo pequeño del pie. Tal vez en la mitad de un recuerdo o en la parte de arriba de la suma de todos mis dolores. Quizás un día, cuando me golpee el codo con una puerta o cuando mi dedo pequeño del pie se reviente contra la esquina de la cama, lloraré como si no hubiera mañana. Me tiraré al suelo a llorarla por fin, sin poder levantarme durante una hora, dos horas, cinco horas y media.

A veces pienso que si no la lloro nunca, no la voy a olvidar ni me lavaré su nombre del cuerpo. Y a veces, la mayoría de las veces, quiero que nunca pase. Que se quede aquí para siempre, así sea convertida en un dolor en el codo.

LISTA DE COSAS QUE <u>NO</u> FUNCIONAN EN ESTE MOMENTO

— Intentar ahogarse en la tina de su casa.

— Mandar mensajes de texto más largos que una carta escrita a mano con las palabras "Te odio", "Muérete" y/o "Eres lo peor que me ha pasado en la vida". *

* APLICA PARA EX - NOVIOS, EX - NOVIAS O MEJORES AMIGOS / AMIGAS. NO APLICA PARA GATOS QUE SE ESCAPAN O PERRITOS QUE MURIERON.

- Mandar mensajes de texto más largos
  que una carta escrita a mano pidiendo
  perdón por los mensajes anteriores.

- Tomarse selfies desnudo.

- Usar quereme / hacer entierros
  para que el amado vuelva.

- Stalkear de manera compulsiva vía
  Instagram, Twitter, Facebook, Snapchat,
  etc.

- Sacarla/o de todas las redes sociales
  en un arranque de ira y después
  volverla/o a meter.

- Ver cualquier película de amor (en
  especial: Blue is the warmest color, When
  Harry met Sally, Beginners. Amores Perros o
  Eternal Sunshine for the spotless Mind).

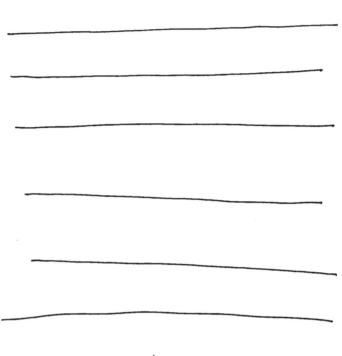

_____

_____

_____

_____

_____

(Escriba aquí otra cosa que quisiera
que funcionara en este momento,
pero que tristemente no funciona).

LISTA DE COSAS QUE <u>SÍ</u> FUNCIONAN EN ESTE MOMENTO

— EJEMPLO: _____

_____

(Todavía no sé de nada que ayude a ciencia cierta en esta etapa. Si usted sabe de algo, comparta su sabiduría. Arranque esta página y envíela por correo electrónico a sanatucorazonroto@gmail.com).

Mientras se inventan una pastilla para olvidar o abren oficinas mundiales de Lacuna Inc., recomiendo lo siguiente:

— Ser indulgente en la medida adecuada. Ejemplo: comer helado y llorar con sus amigos = BIEN. Comer helado y llorar mientras stalkea a su ex = MAL.

— Distraerse en eventos sociales donde se sentirá miserable por dentro pero ocupará su mente en otras cosas más allá de su dolor.

— Permítase habitar la tristeza. Recomiendo andar siempre con gafas oscuras a la mano, comprar rímel a prueba de agua y decir cosas como: "NO ESTOY LLORANDO, ES QUE SE ME METIÓ UN CAMIÓN DE BASURA EN EL OJO".

- Tener una dieta básica de: pizza, cereal, chocolate, ensaladas y atún (más adelante encontrará recetas especiales para cada caso).

- Como dijo mi tía María Eugenia: "No hay tristeza que una agüita de cidrón no cure." *

- Cantar Unbreak My Heart de Toni Braxton, Seré un buen perdedor de Franco de Vita o All by myself de Celine Dion mientras llora en la ducha.

- Llorar, llorar y llorar más. Las lágrimas tienen superpoderes invisibles pero sanadores.

* MI TÍA MARÍA EUGENIA NUNCA DIJO ESTO PERO ES ALGO QUE ELLA PODRÍA DECIR.

_____

_____

_____

_____

_____

_____

(Escriba aquí cosas que sí le
han funcionado y no las olvide
NUNCA).

MECANISMO INFALIBLE PARA SUPERAR TRISTEZAS

CHOCAR EL DEDO CHIQUITO DEL PIE CONTRA LA ESQUINA DE LA CAMA

INFOGRAFÍA DE MAESTROS SENTIMENTALES

PAULINA RUBIO

Sacerdotisa del amor nocivo

"NO ES NINGÚN JUEGO DE NIÑOS ESTAR COMO ESTOY"

ROLAND BARTHES

Papa del Discurso amoroso

"EL LENGUAJE ES UNA PIEL: YO FROTO MI LENGUAJE CONTRA EL OTRO. ES COMO SI TUVIERA PALABRAS COMO DEDOS, O DEDOS EN MIS PALABRAS"

RENÉE   MEG   JENNIFER
ZELLWEGER   RYAN   ANISTON

Santísima Trinidad de la comedia romántica

"YOU LOOK LIKE A NORMAL PERSON BUT ACTUALLY YOU ARE THE ANGEL OF DEATH" - When Harry met Sally.

VICENTE FERNÁNDEZ

Diácono de la Auto Flagelación

" ~~GRABE~~ GRABÉ EN LA PENCA DE UN MAGUEY TU NOMBRE, UNIDO AL MÍO, ENTRELAZADOS, COMO UNA PRUEBA ANTE LA LEY DEL MONTE, QUE ALLÍ ESTUVIMOS ENAMORADOS"

SHAKIRA

Madre Superiora de las malas decisiones amorosas

" TODA ESCOBA NUEVA SIEMPRE BARRE BIEN"

JUAN GABRIEL
_____
Arzobispo del pesimismo
crónico

"NO ME VUELVO A
ENAMORAR. TOTALMENTE
¿PARA QUÉ?"

ORSON WELLES
_____
Obispo de la
Sensatez Afectiva

"WE ARE
BORN ALONE,
WE LIVE ALONE
WE DIE ALONE

GENTE QUE ESTÁ / ESTUVO PEOR QUE UNO

INSTRUCCIONES: Arranque o fotocopee (¿se conjuga así?) esta página y guárdela en su billetera o en cualquier otro lugar de fácil acceso. Haga uso de ella en momentos en los que piense que nada nunca va a volver a estar bien (o antes de llorar frente a su jefe por octava vez en una sola semana).

- Mariah Carey cuando la dejó Luis Miguel.
- El presidente de Malasyan Airlines.

- El hermano de las Kardashian
  (sí, las Kardashian tienen un hermano).

- Michelle, la Destiny's Child favorita de nadie.

- Oscar Wao.

- Monica Lewinsky.

- Florentino Ariza.

- Dante por culpa de Beatriz.

- Selena Gómez por Justin Bieber y viceversa.

MONICA
LEWINSKY

EXPLICACIONES MÉDICAS

1. DEFINICIÓN DE DESAMOR

desamor
1. m. Falta de amor o amistad.

2. m. Falta de sentimiento y afecto que inspiran por lo general ciertas cosas.

3. m. Enemistad, aborrecimiento.

→ Esta definición me parece bastante escueta. Creo que no encarna en lo absoluto el dramatismo y tormento del asunto. Deberían considerar seriamente redefinir esta palabra, yo me ofrezco como voluntaria para tan importante tarea. Desde ya tengo algunas ideas que pueden funcionar:

desamor

1. m. Morir en vida.

2. m. La peor cosa que se le puede
desear a alguien.

3. m. Hueco perpetuo en el estómago,
ganas de llorar ~~perm~~ permanentes.

2. RAZÓN POR LA CUÁL UNO SIENTE EL CORAZÓN LITERALMENTE ROTO

La razón por la cual nos duelen
huesos que no sabíamos que teníamos
y sentimos dolor en el pecho o incluso
algo así como un "infarto falso"
cuando nos rompen/nos rompemos el corazón es:

Las mismas regiones del cerebro
se activan con el dolor físico y
el dolor emocional. Esas regiones
son: la corteza somática sensorial
y la ínsula dorsal posterior.

Es por esto que el dolor emocional literalmente duele - valga la redundancia.

Existe también una condición llamada "Síndrome del corazón roto" en la cual, durante un fuerte impacto emocional o pérdida afectiva, el corazón sufre todos los síntomas de un paro cardíaco pero con condiciones médicas completamente diferentes. Es decir: "un infarto - no - infarto." JARTO.

3. INSOMNIO

El insomnio es uno de los síntomas más comunes del desamor y es, francamente, un flagelo. El desamor

es como la gripa: de día uno la
logra pero de noche se quiere / siente
morir. El insomnio se da por
razones como:

— miedo a soñar con algo relacionado
a la pérdida.

— altos niveles de cortisol.

— pensamientos compulsivos y tratar
de controlarlos.

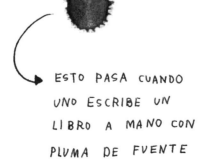

ESTO PASA CUANDO
UNO ESCRIBE UN
LIBRO A MANO CON
PLUMA DE FUENTE

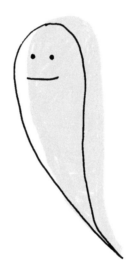

CAPÍTULO

AUTO DESTRU

DOS

CCIÓN

Destrucción de uno mismo.

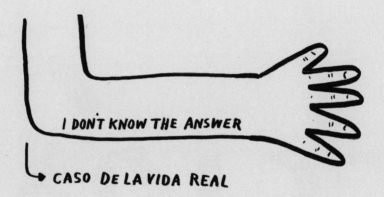

No sé cuántas veces he intentado escribir sobre ella sin éxito. Las palabras tropiezan una contra otra y no logran existir fuera de mí. No quiero nombrarla porque amar es nombrar y lo que siento por ella no es opuesto al amor, pero no es cercano al amor tampoco. Es un sentimiento extranjero. Rabia y agradecimiento.

No puedo escribir su nombre sin que me arda la mano, ni pensar en su cuerpo sin arrepentimiento. Quisiera que no fuera así y decir que todo pasó por algo, que tal vez esa historia formaba parte de mí desde siempre. Pero es falso. No soy capaz de hablar de las múltiples maneras en las que me destrozó para siempre. No soy capaz de explicar cómo, después de ella, me costó trabajo entender que el amor no necesariamente es el primer amor. Que enamorarse es y será siempre eso que me pasó a su lado. Pero que amar es mejor.

Es en lo que no escribo sobre ella donde guardo algunos de mis dolores más profundos: lo que se siente cuando el amor no es capaz de tocar al otro, la parte del cuerpo en la que duele el rechazo, el sabor que queda en la boca cuando ves a la persona que amas besar a alguien más.

No soy capaz de hablar de ella porque hablar de ella sería hablar de mí.

KIT PARA REHABILITARSE DE UNA ADICCIÓN AL AMOR

HACER EJERCICIO O AL MENOS INTENTARLO

REMEDIO

PASTILLAS DE AUTO ESTIMA

BEYONCÉ

DISCOS QUE EMPODERAN

LIBRO CON SUPER- PODERES

AMALIA ANDRADE

LEER ESTE LIBRO

ADOPTAR UN GATICO

Frances ha - DVD -

ENTRE TINIEBLAS - DVD -

PITCH PERFECT - DVD -

PELÍCULAS QUE TE HARÁN REÍR Y CREER QUE TODO VA A ESTAR BIEN

MARGARITA ROSA DE FRANCISCO

COMENZAR A CREER EN ALGO O ALGUIEN

INFOGRAFÍA DEL NIVEL DE IMPORTANCIA QUE SE LE DA A DIFERENTES FACTORES DETERMINANTES DURANTE UNA RUPTURA AMOROSA

— Basada en datos reales recopilados a través de un grupo de chat en Whatsapp.

Gráfica No. 1. Situación ideal

NIVEL DE IMPORTANCIA (eje vertical: 0, 50, 100)

▨ IMPORTANCIA QUE TE DAS A TI MISMO Y A TU BIENESTAR

▦ TUS SUEÑOS / METAS / PROYECTOS PERSONALES Y PROFESIONALES

▧ TU SISTEMA DE SOPORTE (AMIGOS Y FAMILIA)

▤ LA PERSONA QUE TE ROMPIÓ EL CORAZÓN

▨ LO QUE ESTÁ HACIENDO ESA PERSONA CON SU VIDA AHORA QUE NO ESTÁN JUNTOS

▨ TIEMPO QUE INVIERTES SOBREANALIZANDO / INTERPRETANDO TUITS

▨ LIKES QUE ESA PERSONA LE DA A ALGUIEN MÁS EN INSTAGRAM

Gráfica No.2 · Situación real

NIVEL DE IMPORTANCIA

100

50

0

 IMPORTANCIA QUE TE DAS A TI MISMO Y A TU BIENESTAR

TUS SUEÑOS / METAS / PROYECTOS PERSONALES Y PROFESIONALES

TU SISTEMA DE SOPORTE (AMIGOS Y FAMILIA)

LA PERSONA QUE TE ROMPIÓ EL CORAZÓN

LO QUE ESTÁ HACIENDO ESA PERSONA CON SU VIDA AHORA QUE NO ESTÁN JUNTOS

TIEMPO QUE INVIERTES SOBREANALIZANDO / INTERPRETANDO TUITS

LIKES QUE ESA PERSONA LE DA A ALGUIEN MÁS EN INSTAGRAM

CHECKLIST DE COMPORTAMIENTOS AUTODESTRUCTIVOS

Lo que sigue después del llanto es la autodestrucción. Quisiera decir que esta etapa tiende a desaparecer con la madurez pero no es cierto. Lo que en la adolescencia es tomar Tequimón (o cualquier bebida alcohólica que mezcle tequila con frutas y que se venda en cajas en la tienda de la esquina) en la adultez se ve traducido a apagar el celular, quedarse un día entero en la cama y entregar tarde asuntos laborales pendientes porque "no he sido capaz de concentrarme" que en verdad quiere decir:

"He pasado una semana viendo series de manera compulsiva en Netflix y no tengo ganas de nada más".

A continuación un checklist de comportamientos autodestructivos propios de aquel que tiene el corazón roto que le ayudarán a entender en qué nivel "De cero a Britney Spears rapada en el 2007" está usted.

———————— o ————————

Seleccione los comportamientos con los que se sienta identificado:

☐ Caer en la ociosidad de buscar el primer mensaje / teléfono en servilleta / e-mail / comentario de Instagram que la persona involucrada / directamente responsable de su corazón roto le envió.

☐ Hacerse un tatuaje (usualmente ~~casi~~ de una frase existencialista del tipo: "I DON'T KNOW THE ANSWER" o "THIS TOO SHALL PASS" del cual se arrepentirá toda la vida) Créame, yo sé.

☐ Oír en loop SOMEONE LIKE YOU de Adele (si esta canción no aplica, inserte aquí la canción depresiva de su preferencia: _____).

☐ No bañarse por más de dos días.

☐ No cumplir con las promesas que se ha hecho a sí mismo.

☐ Comer una dona todos los días a las cuatro de la tarde por un mes (aplica también para chocolate, helado, gomita o cualquier otro alimento de alto contenido calórico).

☐ Raparse la cabeza.

☐ Autoflagelarse con rancheras, boleros, o cualquier canción de Ana Gabriel. Si usted es millenial y no tiene ni idea de qué estoy hablando piense en un himno emo o algo por el estilo.

☐ Dejar de trabajar (por ver Netflix).

☐ Dejar de ver a sus amigos, esconderse de su editor, salirse del chat grupal (por ver Netflix).

☐ Ver Netflix hasta que aparece en pantalla la pregunta juzgona "¿SIGUES VIENDO NETFLIX?" Sí, sigo viendo después de seis horas porque el mundo apesta y no quiero hacer nada más. Además las series de hoy en día son francamente más adictivas que el crack. Déjame ser feliz.

☐ Dejar de comer (porque la mayoría de platos culinarios y/o restaurantes de la ciudad le recuerdan a ese algo o alguien que le rompió el corazón).

☐ Stalkear ~virtual~ o físicamente, aunque, la segunda opción es significativamente ~es~ peor y raya en la conducta criminal.

☐ Olvidarse de la definición de amor propio (acá la ~dejar~ dejo por si acaso).

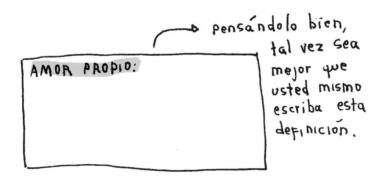

AMOR PROPIO:

→ pensándolo bien, tal vez sea mejor que usted mismo escriba esta definición.

MIRA MIS
MANOS TIEMBLAN
ASÍ POR TI

RESULTADOS

Entienda su comportamiento/estado dependiendo de la cantidad de ítems seleccionados anteriormente.

DE 0 A 5 - NADA COMO BRITNEY

Usted es millonario en inteligencia emocional, que es mejor que ser millonario en libras esterlinas. También es probable que usted haya mentido al momento de seleccionar sus patrones de comportamiento y si ese es el caso solo diré que esto no es un examen y no hay necesidad de hacer trampa. (sí, eso fue un regaño. No hay camino corto

para superar un duelo de cualquier tipo
THE ONLY WAY OUT IS THROUGH).

Por otro lado, existe la posibilidad de
que usted no tenga el corazón roto
pero alguna vez lo tuvo y compró este
libro porque:

a. Es mi mamá (¡Hola Mami! Mira,
   escribí un libro).

b. Quiere ser solidario con los escritores
   y dibujantes emergentes (si es así,
   GRACIAS. Lo necesito, renuncié a mi
   trabajo por esto).

c. Al habitar, por momentos breves,
   aquellos acontecimientos del pasado
   que nos hicieron sentir frágiles,
   vulnerables, abatidos, recordamos que
   gracias a ellos hoy somos grandes.

DE 6 A 12 - OOPS! YOU DID IT AGAIN

Usted está dentro del rango "normal" de autodestrucción, si es que acaso eso existe. Recomiendan los expertos (es decir, todos los que nos hemos rehabilitado de ~~autodestructores~~ autodestructores compulsivos) encaminar los sentimientos hacia la CONSTRUCCIÓN y no la destrucción, en especial de usted mismo. Para tal fin puede emprender alguno de los siguientes proyectos:

— Haga un mapa de su piscina favorita cuando era niño y marque las zonas donde le gustaba jugar, donde se dio golpes memorables, donde _____ (inserte un recuerdo aquí), donde se dio su primer beso bajo el agua.

— Compre una caja de colores y cámbiele
los nombres reemplazando los por rasgos
de su personalidad que le gusten.

Ejemplo: azul =

— Escriba el correo electrónico que
sueña con recibir.

DE 13 a 19 – BRITNEY SPEARS RAPADA

Lo bueno de que usted esté como está
es que va a salir de esto completamente
renovado. Lo malo es que va a atravesar
un infierno, si es que no está YA
MISMO en ese infierno.

Esto podrá sonarle raro pero, aunque
usted no lo crea, se encuentra en una
posición privilegiada. Los chinos creen

que en CRISIS también significa
OPORTUNIDAD y tener el corazón roto es
una gran oportunidad para morir y volver
a nacer. Y morir y nacer una y otra vez,
con todo el dolor que esto implica es de
lo que se trata la vida.

Recuerde que la medida del dolor es
a veces la medida del amor y somos
capaces de amar gracias a que nos
permitimos ser vulnerables. No hay
mejor manera de andar por el mundo
que con el corazón en la mano.

P.D: Britney pasó por lo que pasó para
que nosotros no tuvieramos que vivir
eso. Cada vez que sienta que no puede
más y quiera desfallecer, recuerde que
si ella pudo nosotros podemos.

ACERCA DE LO QUE SIGNIFICA LA AUTODESTRUCCIÓN

Según mi teoría (en realidad no es mi teoría, es algo que aprendí en conversaciones con mi psicóloga) hay dos tipos de miradas ante la autodestrucción.

La primera es la más evidente y reduccionista: autodestrucción es hacerse ~oops! daño de cualquier manera, ya sea física o emocionalmente (ejemplo: drogarse para no sentir nada, cortarse para sentir dolor emocional en el cuerpo).

La segunda es pensar la autodestrucción como una manera de alejarse decidida- mente de uno mismo.

Es hacerse el sordo, autosabotearse, patear la lonchera. Es decir "yo sé lo que estoy haciendo", cuando uno no sabe lo que está haciendo pero sabe que está mal. Es quedarse durmiendo hasta las dos de la tarde un miércoles. Es trabajar y trabajar para no pensar. Es hacerse daño a nivel emocional, crear relaciones tóxicas con cosas o personas, con lugares, con sentimientos que de tanto hacernos sentir mal nos hacen sentir bien.

TIPOS DE MONÓLOGOS INTERNOS

O conversaciones que uno tiene con uno mismo mientras tiene el corazón roto, y que llevan a la autodestrucción.

INSTRUCCIONES: ~~GUARDADAS~~ SELECCIONE EL (O LOS) MONÓLOGOS INTERNOS QUE APLIQUEN A SU CASO.

MONÓLOGO NO. 1
"Nunca voy a salir de esto."

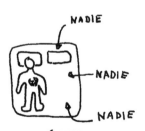

NADIE
NADIE
NADIE

MONÓLOGO No. 2
"Me voy a quedar solo/a en la vida"

MONÓLOGO No. 3

"Nunca voy a encontrar alguien igual".

MONÓLOGO No. 4

"El amor es una mierda."

MONÓLOGO No. 5

"Me quiero morir"

AQUÍ SU PROPIO MONÓLOGO

"_____
_____
_____
_____
_____"

PROCESO DE MORIR - RENACER

 SER / ESENCIA / VOZ QUE TE HABLA

DESDE SIEMPRE

La vida está hecha para llenarnos
de ruido que nos impide oír esa voz,
conectarnos con nosotros mismos.
Renacer será siempre volver a esa
voz, hacer espacios de silencio
para oírla.

 FALSO ~~EGO~~ YO / EGO

Morirá más de una vez y el proceso
es doloroso pero después del dolor
siempre hay luz.

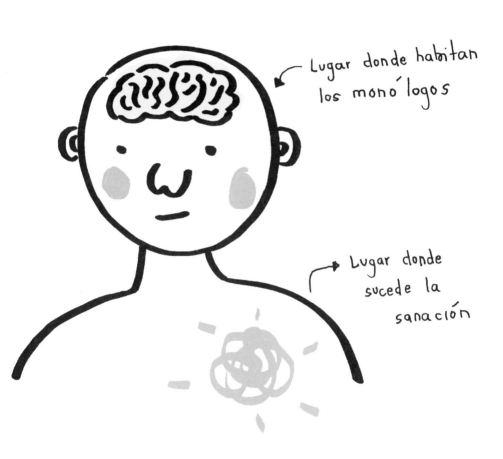

Lugar donde habitan los monólogos

Lugar donde sucede la sanación

Escriba aquí las maneras más creativas en las que se haya auto destruido / se esté auto destruyendo, escribirlas funcionará como un ejercicio para racionalizarlas y tal vez así se desarticulen y desaparezcan para siempre.

_____

_____

_____

_____

_____

_____

NOTA: En general soy fiel creyente de que la creatividad todo lo puede y que debe permear todos los aspectos de nuestra vida MENOS este. Voto por ser más honesto con uno mismo y menos creativo a la hora de hacerse daño. Esto, según yo (y probablemente Walter Riso), es uno de los secretos para ser feliz.

SI TUVIERA SU NÚMERO DE CELULAR LE ENVIARÍA ESTE MENSAJE

NOTA: EN ESTOS MOMENTOS ES SABIO CONSEGUIRSE UN PADRINO (ALGUIEN QUE YA HAYA PASADO POR ESTO Y PUEDA AYUDARLE). SI NO ENCUENTRA UNO, CUENTE CONMIGO. ESTE MENSAJE ES UNA PRUEBA.

CAPÍTULO

RABIA, VENG

Y SENTIMIE

TRES

ANZA
NTOS AFINES

PRUEBA DE
EMBARAZO

Alguna vez soñé que una mujer se acercaba hasta mi cara y, en vez de darme un beso, me chupaba de la boca todas las palabras. Las palabras no provenían de mis órganos internos sino que estaban sobre mi piel y mientras ella succionaba, se agolpaban unas sobre otras para hacer un recorrido desde las piernas hasta los labios y barrían con todo lo que se encontraban en el camino.

Al final del sueño podía hablar perfectamente, pero nunca podía decir lo que realmente quería. Solo era capaz de enunciar versiones equivocadas de mis pensamientos.

Robarle a alguien las palabras es la mejor venganza, pensé al despertar.

CÓMO INSULTAR CON PALABRAS DULCES

PEQUEÑO DICCIONARIO DE TÉRMINOS PASIVO AGRESIVOS

No estoy brava, estoy decepcionada

SIGNIFICADO: Estoy furiosa y te quiero matar.

Igual es mi culpa por esperar algo de ti

SIGNIFICADO: Todo es tu culpa.

Ya no lo hiciste, ya no importa

SIGNIFICADO: No te voy a perdonar NUNCA.

SIGNIFICADO: A palabras necias,
dejar en visto.

Tú igual no piensas en esas cosas

SIGNIFICADO: Tú no piensas.

Espero que te vaya bien en todo

SIGNIFICADO: Si estás bien primero que yo, te mato.

Ojalá nunca te arrepientas de esto

SIGNIFICADO: Me voy a encargar de que te arrepientas por el resto de tu vida.

Ya te dije todo lo que tenía que decir

SIGNIFICADO: A continuación te voy a explicar TODO lo que has hecho mal en la vida.

Es que a ti no se te ocurre que yo...

SIGNIFICADO: Eres la persona más egoísta que conozco

Contigo no se puede

SIGNIFICADO: Pero si te doy mucha cantaleta a lo mejor...

NOTAS SOBRE LA RABIA

Amar es difícil, pero es más difícil pasar SuperMario Bros® y sin embargo todos lo hicimos en nuestra infancia/adolescencia. Algunos niveles de rabia en el proceso de sanar un corazón roto son justos y necesarios. La rabia es buena porque permite expulsar sentimientos reprimidos o insatisfacciones que no sabemos enunciar. Sin embargo, hay una gran distancia entre hacer comentarios pasivo-agresivos y secuestrarle el perro a la persona que te rompió el corazón.

Usa uno de los billetes del Banco de la Inteligencia Emocional para premiarte cada vez que te abstengas de hacer algo lleno de rabia, cuando sientas ganas de vengarte o tengas pensamientos de odio puro.

(VER BILLETES EN LA SIGUIENTE PÁGINA ⟶)

ESTE SENTIMIENTO
ES MÁS GRANDE
QUE YO

GUÍA PARA HACER RETIROS EN EL BANCO DE LA INTELIGENCIA EMOCIONAL

- ☐ Dejaste de leer sus tuits.

- ☐ Ya no pasas por su casa.

- ☐ ~~No~~ Ya no eres la Shakira de Pies Descalzos, ahora eres la Shakira de Sale el Sol.

- ☐ No le pides a tus amigos que te muestren sus fotos en Instagram.

- ☐ Decides no ir a lugares donde estará tu ex.

☐ Ya no te culpas.

☐ Ya no la / lo culpas.

☐ Te abstienes de dejarle un buzón de mensaje de odio.

☐ Te abstienes de llamar a su mamá / su jefe y contarle sus secretos más oscuros.
☐ Evitas likearle fotos o tuits de hace más de dos años.

MEDALLA DE HONOR POR ABSTENERSE DE STALKEAR COMPULSIVAMENTE

TODA ESCOBA NUEVA
SIEMPRE BARRE BIEN
(LUEGO VAS A VER DESGASTADAS
LAS CERDAS)

POR QUÉ NO ES BUENA
DE TU EX Y DESDE ADE

MAL KAR MA.

TIENES QUE VERLO CON OTRA GENTE.

PORQUE EL DIABLO ES PUERCO

IDEA HACERTE AMIGA DE
NTRO DAÑARLE LA VIDA

UN EX
SIEMPRE
ES UN
EX ₹₹₹

SI LE PRESTAS PLATA
NO TE LA DEVUELVE*
* APLICA TAMBIÉN PARA
ROPA.

PORQUE QUÉ NECESIDAD,
COMO DICE JUAN GABRIEL.

CAPÍTULO

DEPRE

CUATRO

SIÓN

síndrome caracterizado por una tristeza profunda y por la inhibición de las funciones psíquicas, a veces con trastornos neuro-vegetativos (lo que sea que eso signifique).

No me di cuenta —me dijo— ahora que lo dices lo puedo ver, pero no me di cuenta.

¿Cómo pudo ser? Las señales estaban todas ahí, invadían el aire, había que empujarlas con las manos para poder atravesar el lugar. Había que moverlas para llegar de la sala al cuarto y del cuarto a la cocina y, para el momento en el que a uno se le antojara regresar a cualquier espacio de esta diminuta casa, ya se habían agolpado de nuevo y crecían más rápido y con mayor violencia que la maleza insaciable en las selvas apretadas y olvidadas de la Guayana o de cualquier otro país invisible. El aire era pesado. Cuando dormía, si podía, sentía una opresión en el pecho. Es el asma, pensaba yo. Es la ansiedad. Es el trabajo. Es que han pasado muchos días sin que escriba nada que valga la pena y cuando eso me pasa comienzo a sentirme medio muerta por dentro.

Ahora recuerdo ese miércoles a la perfección. Las sábanas encima de la cama, el collar de la mamá de A. colgado sobre su cuello y la cuchara que había usado para mezclar el café tirada en el suelo. Se le resbaló de las manos y la dejó ahí.

Fueron nuestras invisibilidades las que nos trajeron a ese lugar, las pequeñas muertes, la sucesión de pequeñas muertes, las cosas que no dijimos, las cosas que no supimos decir, los sentimientos que estaban ahí pero no supimos conjurar.

No fue una suma de cosas, fue el espacio entre esas cosas.

No fueron las cosas que perdimos, fue no saber que las estábamos perdiendo.

CÓMO SABER SI ESTÁ DEPRIMIDO

Uno sabe que está deprimido cuando tiene sueño todo el día; cuando llora en la mitad del día sin razón aparente; cuando no sabe si lo que tiene es tristeza o náuseas o las dos; cuando tiene náuseas todo el día; cuando se da cuenta que el auto engaño ya no funciona, que la melancolía no va a desaparecer mañana, que la esperanza no era esperanza sino negación.

Uno sabe que está deprimido cuando

_____

_____

_____

_____

_____

_____

_____

_____

(TERMINE USTED ESTE TEXTO. SERÁ ALGO
ESCRITO A DOS MANOS. UN PEQUEÑO
TRATADO SOBRE LA DEPRESIÓN).

DEPRESIÓN = MEDIDAS DESESPERADAS

Esta es la etapa del duelo en la que uno está tan mal que acepta cualquier tipo de ayuda/intervención con tal de sentirse un poco menos miserable. A continuación una lista de medidas desesperadas que debe evitar a toda costa:

1. MEDIDAS DESESPERADAS (NO TAN DESESPERADAS)

- Ir a misa con la mamá/tía/abuela.

- Hacerme caso cuando le digo que lo

mejor que puede hacer en este
momento es tomar gotas de RESCATE,
que en realidad son "esencias florales"
con MUCHO brandy (sea lo que sean
son milagrosas).

RESCATE

— Ir al psicólogo/psiquiatra (esto en
realidad no es desesperado sino sensato,
igual que tomar Rescate).

— Ir donde una vidente/ tarotista/
quiromante.

— Salir en las citas a ciegas que
le organizan sus amigos.

— Llamar a su ex novia/o e invitarlo
a almorzar "casual".

- Intentar ser amigo de su ex.

- Leer libros de autoayuda.

2. MEDIDAS DESESPERADAS (REAL-
MENTE DESESPERADAS)

- Tomar yagé.

- Creer que un clavo saca a otro
clavo.

- Intentar hacerse mejor amigo/a de
los mejores amigos de su ex.

- Hacerse un exorcismo.

- Incurrir en brujería o prácticas
afines.

- Tener sexo con desconocidos.

- Fingir su propio secuestro.

● MÁS MEDIDAS DESESPERADAS AQUÍ:

— _____

— _____

— _____

— _____

— _____

— _____

— _____

— _____

SEÑALES DE QUE SU DUELO ES NORMAL vs. SEÑALES DE QUE SU DUELO ES ANORMAL

· NORMAL ·

ESTAR COMO HEIDI KLUM CUANDO SE SEPARÓ DE SEAL

SENTIRSE CANSADO E INCAPAZ DE CONCENTRARSE

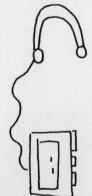

AHONDAR EN LA TRISTEZA ESCUCHANDO LAS CANCIONES MÁS TRISTES DEL MUNDO

ALGUNA VEZ ME DIJO QUE AMABA LOS PINOS

OUCH! OUCH! OUCH!

RECORDARLA/O POR LITERALMENTE TODO.

EXTRAÑAR TANTO QUÉ DUELE EN EL CUERPO

LLORAR SENTADO EN LA DUCHA

SENTIR QUE PERDIÓ UN BRAZO

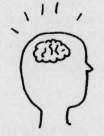

TENER DOLOR DE CABEZA

· ANORMAL ·

ESTAR COMO LA REINA VICTORIA
CUANDO FALLECIÓ EL PRÍNCIPE
ALBERTO

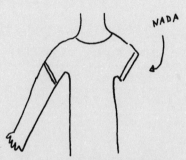

NADA

NO SENTIR EL BRAZO
(PUEDE TENER UN INFARTO
DE MENTIRITAS O UNO
DE VERDAD)

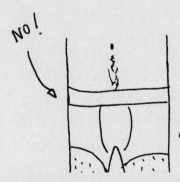

NO!

RECORDAR LO/A
PORQUE LLEVAS
PUESTOS LOS CALZONES/
CALZONCILLOS QUE DEJÓ
EN TU CASA

·NO ERAN SIAMESES·

SENTIR QUE LA VIDA NO TIENE SENTIDO SIN ESA PERSONA

NO LLORAR

EX

NUEVA NOVIA

TÚ MIRANDO DESDE LA VENTANA

AHONDAR EN LA TRISTEZA PONIÉNDOTE EN SITUACIONES INNECESARIAS

RIVOTRIL

TENER ATAQUES DE PÁNICO (¡HORA DE IR AL MÉDICO!)

PENSAMIENTO MÁGICO

Es usual acudir al pensamiento mágico para encontrar confort cuando se está deprimido. y por pensamiento mágico quiero decir hacer raciocinios del tipo: "si el ventilador gira dos veces significa que me está pensando".

ESCRIBA AQUÍ SUS PENSAMIENTOS MÁGICOS:

_____

_____

_____

_____

DIBUJE OTROS CUANTOS ACÁ :

VUELVA A ESTAS PÁGINAS 🖊 EN
TRES MESES Y RÍASE DE USTED
MISMO COMO TERAPIA DE SANACIÓN.

No existe mejor terapia que cantar canciones tristes cuando estamos deprimidos. ¿Quién tiene ganas de tararear canciones de Calvin Harris, Daddy Yan Kee o _____ (inserte aquí artista que se dedique a hacer música feliz) mientras está triste? NADIE.

La razón por la cual buscamos música melancólica mientras estamos afligidos, NO es porque en el fondo todos somos un poco masoquistas. Es porque queremos reconocer ~~nuestros~~ nuestro dolor en las palabras de otro. Al identificarnos con la letra de una canción somos capaces de entender mejor nuestros sentimientos y así logramos trascenderlos.

Oír música triste en momentos como este ~~se~~ ~~a~~ nos ayuda a habitar nuestras emociones, a revivir momentos (la música es una máquina para viajar en el tiempo), a distraernos.

A continuación una lista de canciones (de todos los géneros) que tienen el poder de hacerlo llorar (más de lo que ya ha llorado).

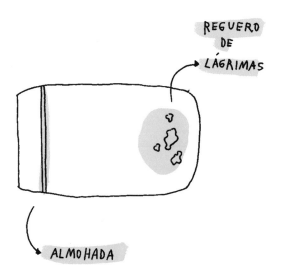

REGUERO DE
LÁGRIMAS

ALMOHADA

PLAYLIST PARA LLORAR EN LA DUCHA

INSTRUCCIONES:

Tener esta lista de canciones a la mano en caso de una emergencia de sentimientos contenidos. También puede ser útil cuando tenga un amigo/familiar con el corazón roto y usted no sepa qué decir. En ese caso simplemente entréguele esta lista y regálele unas "gafas para llorar", es decir unas gafas grandes de lente ultra oscuro que le permitan llorar en la mitad del día sin que CASI nadie se entere.

- [ ] No te cuesta nada - Javiera Mena
- [ ] Rompecabezas - Aterciopelados
- [ ] Hasta la raíz - Natalia Lafourcade
- [ ] Lo que más - Shakira
- [ ] Without You - Tobias Jesso Jr.
- [ ] Breathe me - SIA
- [ ] No Ordinary Morning - Chicane
- [ ] Stay with me - Sam Smith
- [ ] King of Sorrow - Sade
- [ ] Nothing Compares 2U - Sinéad O'Connor
- [ ] Glory Box - Portishead
- [ ] Exit Music - Radiohead
- [ ] Love Is A Losing Game - Amy Winehouse
- [ ] Wildest Moments - Jessie Ware
- [ ] The Greatest - Cat Power

- [x] Honey Honey — Feist
- [x] Ausencia — Héctor Lavoe
- [x] Guaguancó del adiós — Roberto Roena
- [x] Te busco — Celia Cruz
- [x] Casi te envidio — Andy Montañez
- [x] Back to black — Amy Winehouse
- [ ] Hasta que te conocí — Juan Gabriel
- [x] Walk away — Ben Harper
- [x] Don't speak — No Doubt
- [ ] Aint no sunshine — Bill Withers
- [x] Hurt — Johnny Cash
- [ ] Someone like you — Adele
- [x] Sabré olvidar — Joe Arroyo
- [x] Nada personal — Juan Pablo Vega
- [ ] Siempre me quedará — Bebe

SU PLAYLIST
PERSONAL

En caso que considere de que mi gusto
musical apesta o en caso de que quiera
agregar más canciones para llorar.

- [ ] _____
- [ ] _____
- [ ] _____
- [ ] _____
- [ ] _____
- [ ] _____
- [ ] _____

RITUALES DE SANACIÓN

No más llorar, es hora de sanar.

RITUAL No 1.

Imprima en un papel pequeño el mantra "pronto llegará el día de mi suerte" de Héctor Lavoe, plastifíquelo y guárdelo en su billetera. Este ritual es una promesa de que todo va a estar bien.

⟶ Si no quiere imprimir nada, puede hacer uso libre de la página siguiente.

PRONTO LLEGARÁ
EL DÍA DE MI
SUERTE
— HÉCTOR LAVOE

— FRENTE —

TIQUETE PARA
SALIR DE LA
DEPRESIÓN

— REVERSO —

RITUAL No 2.

Escriba en un papel todas las cosas que lo hacen sentir triste; las cosas que quiere cambiar; las palabras que le gustaría decir pero por algún motivo no puede. Después queme el papel hasta que solo queden cenizas. Luego eche estas cenizas en un brebaje y déselo a la persona que lo tiene mal junto con pedazos de pelo y tierra del jardín.

Mentiras.*

* solo queme el papel. Quemar los malos sentimientos es deshacerse de ellos, transformarlos, convertirlos en algo majestuoso

Si usted consideró lo del brebaje: está muy mal, es ~~probab~~ probable que sea hora de buscar ayuda profesional.

RITUAL No. 3

Por unos minutos piense en todos esos monológos negativos o ideas pesimistas que se repiten en su cabeza. A la voz de esas ideas o monólogos yo la llamo "La Loca". Esto no es un libro de Eckhart Tolle ~~pero~~ y no trataré de explicar a fondo que "La Loca" es realmente el ego o el Falso Yo, pero sí diré que tiene que creerme cuando le digo que esa voz NO es usted y que entre menos se crea lo que dice (sin juzgar, solo observe esos malos pensamientos y ya) más feliz será.

Este ritual consiste en dibujar su loca y las cosas que le dice y así quitarle poder.

~~NOTA~~.

MI NOMBRE ES

(AQUÍ VA SU NOMBRE, OBVIAMENTE)

Y ESTA ES MI LOCA

RITUAL No. 4

Entréguese a sus placeres culposos (como ver realities gringos, ver tutoriales de maquillaje en YouTube por más de diez minutos, comer una hamburguesa con triple adición de tocineta o practicar coreografías de videos de Backstreet Boys o One Direction). Este es un ritual de gratificación instantánea.

RITUAL No. 5

Lea La Historia del amor de Nicole Krauss.
Oh, The Places You'll Go! de Dr. Seuss.
Nombres y Animales de Rita Indiana.
The Year of Magical Thinking de Joan Didion
Así es como la pierdes de Junot Díaz.
Antes que anochezca de Reinaldo Arenas.
Canto Villano de Blanca Varela. La pasión según G. H de Clarice Lispector. Yes Please de Amy Poehler.

NO IMPORTA TU AUSENCIA.
TE SIGO ESPERANDO

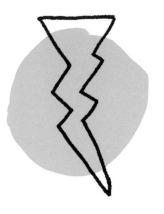

CAPÍTULO

ESTÁ

ESTAR

CINCO

BIEN
MAL

Encontrar bienestar y contento en la vida sin importar cuán adversas sean las circunstancias.

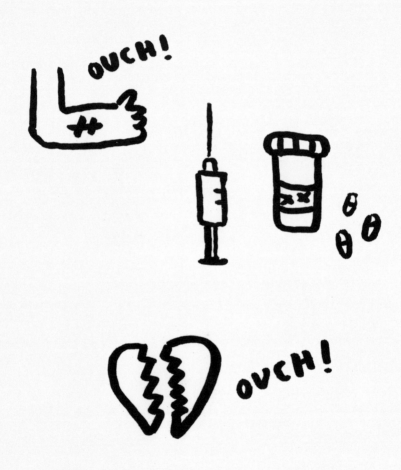

Yo asumía que el tobillo era aquel hueso/articulación protuberante de forma casi circular que se instala justo donde termina la pierna y comienza el pie, donde se conecta la tibia y el peroné con el hueso navicular. Sé qué es el hueso navicular y sé que el tobillo es mucho más que una protuberancia porque el hermano de Juliana se lo pulverizó. Cuando miró las radiografías después de la cirugía inicial le preguntó al médico: ¿qué va aquí en este hueco? Y el médico le dijo que en ese hueco iba el tobillo que su hermano ya no tenía.

El tobillo es una articulación que está compuesta por tres huesos: el peroné, la tibia y el astrágalo, los cuales se abrazan de manera tal que permiten el movimiento, con la ayuda de tendones, músculos y ligamentos.

En la biomecánica del complejo tibioperoneo, en el momento de un movimiento específico, como por ejemplo empujar la planta del pie hacia abajo para caminar de puntillas por casa sin hacer ruido o para escapar de la inclemencia del suelo frío a las tres de la mañana cuando me levanto entre sueños a haces pis, suceden una serie de pequeños movimientos opuestos y simultáneos que permiten que yo, o quien sea, logre caminar con sigilo. Hay una contracción del músculo tibial posterior, rotación interna del maléolo lateral, verticalización de las fibras ligamentosas y así.

Sé todo esto no solamente por el tobillo desvanecido del hermano de Juliana. Lo sé porque el accidente que causó tal desvanecimiento sucedió dos días después de la muerte de mi mamma, así, sin tilde (tengo o tenía dos mamás, una con tilde –mi mamá-mamá–, otra sin tilde y con dos emes –mi mamá-tía-objeto-de-toda-mi-admiración-y-cariño, el lugar que yo soy, la razón por la que escribo).

Como el cuerpo me duele cuando trato de hacerme a la idea de que jamás podré volver a tocar sus manos, decidí que era más fácil pensar en el tobillo de un extraño.

Juliana dice que desde que supo la gravedad del accidente siente un dolor en la pierna y en el pie, un dolor fantasma o un dolor transferido. Un dolor que habla del vínculo que tiene con su hermano.

Yo también siento dolor y vacío. Yo también ando con sentimientos fantasma. Con la sensación de una extremidad que ya no tengo pero que sigue ahí.

Ambas estamos mal pero yo le digo a Juliana que está bien estar mal, que el dolor de la pierna de su hermano o de la muerte de la mamma es como esa extremidad fantasma, algo que ya no tenemos pero que nunca dejaremos de sentir.

A VECES ES MEJOR
HACERNOS AMIGOS DE
NUESTRA TRISTEZA QUE
PELEAR CONTRA ELLA

PERSONAS QUE ENTENDIERON QUE CRISIS = GANANCIA

ADELE

6 GRAMMYS
ÉXITO MUNDIAL
UN NUEVO AMOR

SAM SMITH

IN THE LONELY HOUR
NACIÓ DE UN AMOR
NO CORRESPONDIDO.
ESTE ÁLBUM LE DIO
ÉXITO INTERNACIONAL

TAYLOR SWIFT

RED VENDIÓ 1.2
MILLONES DE COPIAS
EN UNA SEMANA.

SOPHIE CALLE

CUÍDESE MUCHO +
DOLOR EXQUISITO
HAN SIDO EXPUESTAS
EN MÁS DE 10 PAÍSES

PIEDAD BONNETT

TRANSFORMÓ SU DOLOR
EN UNO DE LOS LIBROS
MÁS FUERTES Y HERMOSOS
DE LA LITERATURA COLOMBIANA

PEDRO SALINAS

SE CONVIRTIÓ EN
EL POETA DEL AMOR
DE LA GENERACIÓN
DEL 27.

MAPA CRÓMATICO DEL DUELO EN MI CUERPO

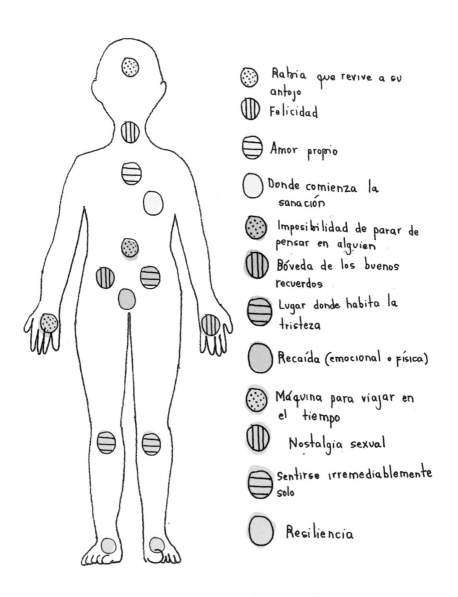

Rabia que revive a su antojo

Felicidad

Amor propio

Donde comienza la sanación

Imposibilidad de parar de pensar en alguien

Bóveda de los buenos recuerdos

Lugar donde habita la tristeza

Recaída (emocional o física)

Máquina para viajar en el tiempo

Nostalgia sexual

Sentirse irremediablemente solo

Resiliencia

MAPA CRÓMATICO DEL DUELO EN SU CUERPO

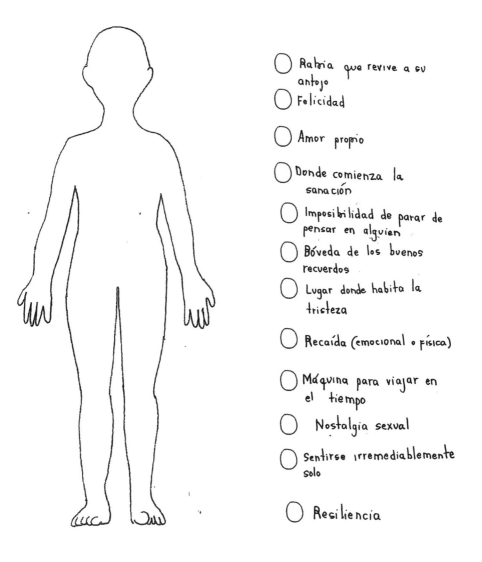

○ Rabia que revive a su antojo

○ Felicidad

○ Amor propio

○ Donde comienza la sanación

○ Imposibilidad de parar de pensar en alguien

○ Bóveda de los buenos recuerdos

○ Lugar donde habita la tristeza

○ Recaída (emocional o física)

○ Máquina para viajar en el tiempo

○ Nostalgia sexual

○ Sentirse irremediablemente solo

○ Resiliencia

ESTÁ BIEN ESTAR MAL

Vivimos en una época que glorifica el bienestar y la felicidad (ver cualquier feed de Instagram). Sin embargo lo más importante es ~~esto~~ entender que ESTÁ BIEN ESTAR MAL. Si quiere sentarse a llorar dos meses mientras canta "Otro día más sin verte" de Jon Secada eso está bien. Si quiere dedicarse a ~~la~~ trotar sus tristezas, también. Todo vale. No hay afán ni manera correcta de hacer un duelo.

Sea como sea, tenga en cuenta las siguientes cosas para continuar su proceso de sanación:

- Estas cosas toman tiempo.

- Siempre para de llover.

- Malas noticias: todo cambia.

- Buenas noticias: todo cambia.

- Todo podría ser peor (a menos de que su vida sea como la de Edith Piaf, en ese caso no sé qué decir).

- Algún día se reirá de todo esto, lo prometo.

_____

ESCRIBA AQUÍ PALABRAS DE ALIENTO PARA USTED MISMO.

ARRANQUE O FOTOCOPEE ESTA ~~MALDITA~~ PÁGINA Y PÉGUELA EN LA PUERTA DE LA NEVERA.

LA ACEPTACIÓN ES UN SUPERPODER QUE USTED NO SABE QUE TIENE

Para activar este superpoder solo tiene que:

- Olvidarse de la negación.

- Dejar de resistirse a las cosas como realmente son.

- Vivir en el presente.

- Ser honesto consigo mismo.

- Poner el amor propio primero.

- Girarme 3.000 USD a la cuenta corriente No. 300947 - 2601. Mentiras. Mentiras, no es mentiras.

Una vez activado el superpoder de la aceptación usted podrá:

- Volar (lejos del autosabotaje y dolor).
- Tener perspectiva ante la situación. Es decir, Visión de rayos X.

- Inmunidad (ante las situaciones adversas).

- Ser invisible (ante la gente que quiere hacerle daño).

- Tener memoria selectiva (capacidad de convertir los malos recuerdos en buenos).

- Entendimiento rizomático (capacidad de comprender que el proceso de duelo no es lineal ni obedece un orden fijo, sino que ocurre en un patrón irregular - hay subidas, bajadas, espacios neutros - donde cualquier elemento puede incidir o afectar en cualquier otro).

OTROS

SUPERPODERES

SUPERPODER DE ANTOJARME DE LO MÁS CARO EN UNA TIENDA

Haz lo que quieras pero no la llames

7:28p.m ✓✓

SUPERPODER DE DARLE CONSEJOS A OTROS PERO NO APLICARLOS YO MISMA

SUPERPODER DE SER SHAZAM HUMANA (FUNCIONA SOLO CON CANCIONES DE SADE Y/O BEYONCÉ)

SUPERPODER DE PINTARME SIEMPRE MAL LAS UÑAS

Haga acá una lista de su COLECCIÓN PERSONAL
DE SUPERPODERES y úselos cuando se esté
sintiendo mal.

SUPERPODER No. 1

SUPERPODER No. 2

SUPERPODER No. 3

SUPERPODER No. 4

INSTRUCCIONES PARA USAR LA LÍNEA GEOGRÁFICA DEL PROCESO DE SANACIÓN

Dibújese a usted mismo en algún punto de la línea de acuerdo a su estado emocional. Escriba la fecha y una palabra que resuene con sus sentimientos. Use la línea como un diario visual de su proceso.

Voltee el libro para obtener mejores resultados ———————➤

LINEA GEOGRÁFICA DEL PROCESO DE SANACIÓN

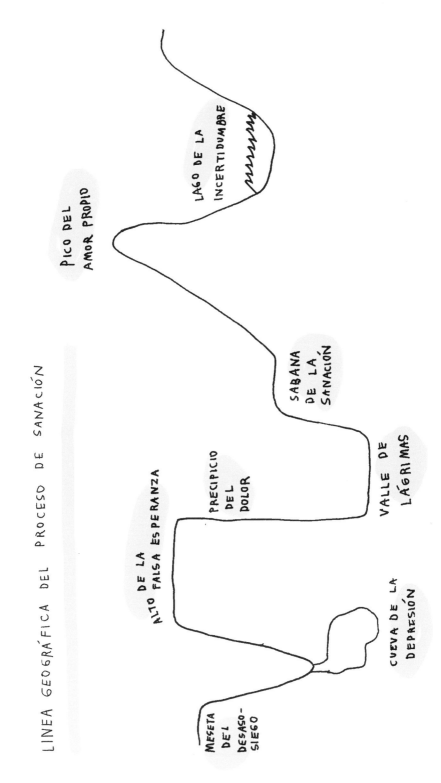

PICO DEL AMOR PROPIO

LAGO DE LA INCERTIDUMBRE

SABANA DE LA SANACIÓN

ALTO DE LA FALSA ESPERANZA

PRECIPICIO DEL DOLOR

VALLE DE LÁGRIMAS

MESETA DEL DESASOSIEGO

CUEVA DE LA DEPRESIÓN

139

CAPÍTULO

REINVE
DE UNO

NCIÓN MISMO

Acción de morir en vida y volver a nacer. Autoregeneración emocional positiva.

Todos estamos rotos. Todos. Sin excepción. Isabel tiene 28 años y no puede dormir sola nunca porque dice que oye voces. Yo le digo que no son voces sino que es ella misma, cosas que tiene que decirse pero no quiere oír. Isabel le tiene miedo a la soledad: a resbalarse una mañana en la ducha y quedarse ahí tirada mientras el agua no para de mojarla; a permanecer inmóvil, desnuda, entregada a la caída sin ningún asomo de dignidad; a que pasen días antes de que alguien comience a buscarla y, si para ese entonces no ha muerto, el agua helada siga corriendo sobre ella. Isabel sabe que esa sería una tortura más brutal, no tanto por la temperatura sino por ese eterno caer.

Yo le digo que a lo que le teme es al silencio, a las palabras no pronunciadas, a lo invisible, a lo ilegible, a lo intraducible. En el silencio no están escritos nuestros miedos. Están escritas las verdades que no queremos ver porque sentimos que no las merecemos, porque son verdades que nos hacen grandes y no queremos crecer, porque da miedo aceptar que somos infinitos y que podemos con todo.

B. tiene ataques de pánico cuando cruza la calle. Los ataques comenzaron como algo inocuo. Ahora son grandes. Tiene que pedirle a extraños que la ayuden a cruzar. Tiene que tomar las manos sudorosas de esos extraños y estrecharlas con fuerza, cerrar los ojos y dejarse llevar. Repite todo va a estar bien, todo va a estar bien, todo va a estar bien, solamente para poder llegar de un lado al otro. No sabe por qué. Cuando ve los coches pasar por las avenidas solo piensa en morir aplastada por una de esas máquinas de demolición.

D. ya no sabe tener un orgasmo sin sentir una tristeza opresora inmediatamente después, un vacío que la hace sentir deshabitada. Nadie sabe esto. Es un dolor que se traga y que esconde detrás de silencios o besos u olvidos, o los tres.

Yo también estoy rota. Pienso mucho antes de dormir. Habito por largas temporadas espacios liminales. Tengo muchos más miedos de los que estoy dispuesta a admitir. Me duelen las rodillas, los pies, la espalda. Sobre todo me duele la espalda.

Todos estamos llenos de fronteras. Todos andamos por ahí con nuestras heridas a la derecha, nuestras alegrías a la izquierda. Pero nuestras fracturas siempre sanan. Rompernos es lo que nos permite volver a construirnos a nuestro antojo. Son nuestras continuas muertes las que nos permiten reinventarnos. Sacudirnos los miedos o los dolores que tenemos pegados al cuerpo y volver a nacer.

CRECEN COSAS DE NUESTRAS HERIDAS CUANDO SANAN

SOMETIMES
I RUN SOMETIMES
I HIDE

TODO CAMBIA

Un día se despertará cantando canciones
felices y las bailará en pijama. Sentirá
ganas de ser otra persona. Se cansará de
estar metido en la cama. Tendrá ganas
de escribir o dibujar o hacer lo que
sea que usted haga. Ese es el día
que comenzará la reinvención de usted
mismo, la oportunidad de ser quien
quiera ser.

A continuación una lista de actividades.
Ideas y ejercicios para mantener esa
renovada sensación de que la vida
ya no es una ~~mierda~~ miseria.

NÚMERO UNO

ACTIVIDADES FÍSICAS

AMANECER SUBIENDO
LA MONTAÑA

RESCATAR LOS PATINES
QUE TIENE EN EL CLÓSET
DESDE QUE TENÍA 12 AÑOS

SUBIR ESCALERAS

CORRER

NÚMERO DOS

NUEVOS PANORAMAS PROFESIONALES

COLOR
RELLENITA

SER ESMALTÓLOGA/O
PROFESIONAL (PERSONA QUE
ESTUDIA Y NOMBRA
LOS ESMALTES DE UÑAS)

SER BOXEADOR
DE SOMBRAS/FANTASMAS

PASEADOR/A DE GATOS

CONVERTIRSE EN
CAZADOR DE TORMENTAS

NÚMERO TRES

PRÁCTICAS ESPIRITUALES

HACER YOGA

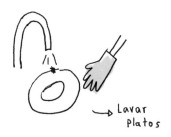

→ Lavar platos

MEDITAR

ENTONACIÓN PARA EL BUDA QUE HAY EN TI

Nam – myoho – renge – Kyo
nam – myoho – renge – Kyo
nam- myoho- renge – Kyo
nam- myoho –rengo Kyo

CANTAR MANTRAS

PRENDER VELAS

NÚMERO CUATRO

ACTIVIDADES LÚDICAS

El tiburón

CANTAR MICHAEL JACKSON EN LA SALA

BAILAR MERENGUE PARA QUEMAR CALORÍAS

♫ Quisiera volver a amarte volver a quererte volver a tenerte cerca de mí GIRL mis ojos lloran por ti me haces tanta falta no lo puedo negar no se como de mi vida te pudiste marchar arrancaste mi corazón como un trozo de....

ESCRIBIRLE A SUS MEJORES AMIGOS CARTAS A MANO

MEMORIZAR UN RAP

NÚMERO CINCO

NUEVAS PRÁCTICAS ALIMENTICIAS

 JUICING

semillas de chía

Harina de maca

Arepas de Quinoa

 SUPER ALIMENTOS

PESCETARIANISMO O VEGETARIANISMO DE LOS OCHENTA

(es decir, ser vegetariano y comer pescado)

GLUTEN FREE

El gluten es el Pablo Escobar de la nueva generación. Nadie lo ve pero todos le tienen miedo.

NÚMERO SEIS

CONVERTIR LA EXPERIENCIA EN UNA CREACIÓN
ARTÍSTICA/CREATIVA (COMO ESTE LIBRO)

LLENE ESTE ESPACIO CON IDEAS/ESCRITOS/
DIBUJOS/ GUIONES QUE DESPUÉS PODRÁN
CONVERTIRSE EN PROYECTOS

CAPÍTULO

LLORANDO

SIETE

SE FUE

Biografía apócrifa de João Pedro
de Almeida Santos Abreu,
compositor de la Lambada.

EL FUTURO DE JOÃO

Todo comenzó con un viento atrapado entre el pecho y la espalda. "Algo va a salir mal", pensó Rita de Almeida Santos Abreu, mientras lavaba las bragas en la ducha. El lugar: una casa pobre al norte de Salvador de Bahía, Brasil, donde Rita vivía con su tío sordo de un oído. El año: 1968.

Cosas importantes que pasaron en 1968:
–Earl Ray mató a Martin Luther King.
–Yoko Ono le escribió una carta de amor a John Lennon (no se conocían, esta carta se perdió para siempre en el mar de cartas muertas del U.S. Postal Service).
–El dictador Artur da Costa e Silva decreta la Quinta Acta Institucional y convierte a Brasil en un país invivible.

El color del cielo de ese día: azul claro. El color de las bragas que lavaba Rita: rosadas. Lo que había pasado una semana antes: la última noche de Rita con Abel, su novio desde hacía siete meses.

Abel tenía 21 años y Rita tenía 15. A Abel le gustaba jugar fútbol, tomar cerveza con hielo, estar dentro de Rita, holgazanear. A Rita le gustaba bailar, quería ser una gran actriz y pensaba que sus sueños funcionaban como un superpoder que la llevarían hasta donde ella quisiera, tan lejos como le viniera en gana, más allá de las islas Bálticas, más allá de Japón, más allá del cielo azul o a veces púrpura de Salvador de Bahía.

Rita estaba enamorada de Abel pero sabía que Abel no le hacía bien y que si seguía con él iba a terminar viviendo con su tío sordo en un cuarto y con Abel y sus cervezas con hielo en el otro, mientras ella trabajaba todo el día en un hospital o en un aeropuerto o en un club campestre, trabajo que la haría llegar siempre tarde a casa hasta olvidarse de sus sueños. Al lado de él jamás sería una gran actriz, aunque sí la estrella/tesorera del grupo de teatro local que después de su muerte llevaría su nombre —lo que no estaba mal, pero no era lo que ella quería—. Rita sabía todas estas cosas con la misma certeza con la que sabía que su nombre era Rita, que el agua del río sana, que el color del pasto no siempre es verde. Así que decidió hacer el amor esa última noche con Abel y despedirse de él sin despedirse.

Hizo el amor primero despacio y después fuerte, con el corazón en la piel, con las ganas en las manos, con el mismo deseo que había sentido —y seguiría sintiendo— por él desde la primera vez que lo vio cerca de la playa, cuando Abel abrazó su cintura y le dijo "No te vayas, quédate conmigo".

Ocho meses y tres semanas después de aquel día en el que lavaba sus bragas rosadas en la ducha, nació João Pedro de Almeida Santos Abreu, su viento entre el pecho y la espalda.

João obtuvo el mismo nombre que su tío abuelo sordo, la misma mala suerte en el amor que Rita y el mismo gusto por la cerveza con hielo que Abel, aunque jamás lo conoció. Ella se negó a contarle a Abel de la existencia de João y a João de la existencia de Abel. Sin embargo, cuando el pequeño tenía cinco años, el hombre se enteró de que tenía un hijo y pasó muchas noches frente a la casa de ella, borracho, gritando: "Yo soy tu papá. ¡ESTE SEÑOR DE AQUÍ AFUERA ES TU PADRE!"

Cuando João le preguntó a su mamá si lo que decía el borracho era cierto, Rita se limitó a responder: "Cada quien cree en lo que quiere creer".

Después de esa pregunta Rita supo que tenía que irse de ahí.

El día en que el tío abuelo murió, Rita hizo la maleta, tomó de la mano a su hijo y se fue a Río para convertirse por fin en la actriz que siempre había soñado ser. Antes de montarse en el taxi, João pegó en la puerta de la casa un papel que decía:

SEÑOR BORRACHO QUE
GRITA EN LAS NOCHES
Y QUE DICE SER MI
PADRE:

Nos vamos para Rio.
Esta es nuestra nueva
dirección. Venga a
verme.

Rua Marquês de São Vicente
476, Gávea
CEP 22457-040
Rio de Janeiro / RJ

El día de su cumpleaños número veintiuno, João salió de su casa listo para presentar en la universidad una de las teorías científico-emocionales en las que invertía todas las horas muertas, todas las noches frías de junio al lado de su madre mientras ella repasaba libretos en voz alta.

RÍO, 21 AÑOS

DESPUÉS

João había crecido solo, prácticamente sin amigos y, como era de esperar, nunca se había enamorado.

Entre rodajes de telenovela (que hacían que Rita no estuviera jamás en casa y regresara a horas siempre inusuales como la 1:45 de la mañana o las 2:02 de la tarde), su madre a veces recordaba que tenía un hijo y le gritaba: "Deja de leer y ve y consigue una novia". Acto seguido era como si volviera a olvidar la existencia de João y comenzaba a recitar monólogos extensos en los que despotricaba con fervor de la televisión brasileña, de los jefes de producción, del mal aliento de la protagonista, de la comida de los sets de grabación y sus efectos en la caída del pelo, de los libretistas y sus sueños frustrados. Rita no quería ser solamente la actriz secundaria de la telenovela de las siete de la noche. Rita quería triunfar en Hollywood, ganar un Oscar, tener una mansión con dos leones dorados a la entrada. Su motivación era la insatisfacción, y la insatisfacción crónica, como todos sabemos, es un virus mortal.

El sueño de João era ser el Carl Sagan de las teorías afectivas y estaba convencido de que lo que presentaría ese día en clase iba a revolucionar el mundo y le daría fama mundial. Pero nunca pasó.

En el camino a la universidad, sentado en la segunda fila de delante hacia atrás del bus, João conoció a Aurora.

Aurora tenía 19 años, le gustaba comer pasta de dientes a escondidas y quería ser doctora. Podría decir que lo que pasó cuando se vieron fue amor a primera vista. Pero eso, además de ser un lugar común horroroso, significaría contar solamente la mitad de la verdad.

Lo que pasó fue esto: João vio a Aurora y se enamoró de ella. Lo supo porque prefirió quedarse hablando del clima o de la situación política hasta el final de la ruta del bus, cuando el conductor los hizo bajarse en mitad de la nada. Por eso nunca llegó a presentar su revolucionaria teoría afectiva, decisión de la cual se arrepentiría para siempre.

Aurora vio a João y pensó que podría enamorarse de él. Aún más: que quería intentarlo.

Lo que pasó de ahí en adelante es *La historia de amor y desamor de João Pedro de Almeida Santos Abreu*, lo mejor y lo peor que le ha pasado en la vida.

Después de esa tarde João y Aurora se vieron todas las mañanas para desayunar juntos y todas las noches para leer. Él: libros de física cuántica y Freud. Ella: el *Manual de anatomía de Grey*. João al principio

LA HISTORIA DE AMOR
Y DESAMOR DE JOÃO
PEDRO DE ALMEIDA
SANTOS ABREU

no sabía que estaba enamorado porque la primera vez se ama siempre desde la sospecha. Sin embargo hubo un momento en el que todo fue claro y rotundo. Eso, ahí, era estar enamorado. Las manos de Aurora sobre sus piernas en el bus, la manera como se le pegaba al cuerpo la camiseta blanca que le había regalado su mamá cuando caminaban cerca a la playa, los secretos que le contaba al oído, los pedazos de pasta de dientes que le pasaba a través de besos y que él recibía como cuando se reciben dulces de lengua a lengua.

Aurora siempre pensó que podía enamorarse de João pero nunca lo logró porque por más que uno quiera el amor no funciona como un virus. El amor es intransferible, unipersonal. Dos personas nunca pueden sentir el mismo amor aunque se pasen una vida entera intentándolo.

João sabía esto y sabía desde el comienzo que las cosas iban a terminar muy mal, pero eso no le impidió olvidarse de todo y hacer de Aurora su mundo. Aurora, cansada de no sentir nada comenzó a follar con muchos de sus amigos y otro montón de desconocidos con tal de sentirse viva. João se enteró pero no fue capaz de dejar a Aurora. Aurora pensó que el dolor de João iba a acercarla más a él pero esto, tristemente, tampoco funcionó.

Un día, en el cumpleaños de su único amigo, João se encontró a Aurora de rodillas, haciéndole una felación a Luis, el cumpleañero, en una esquina oscura junto al quiosco de la piscina. Regresó a su casa y estuvo sentado en el borde de la cama una hora, dos horas, cinco horas. Se quedó inmóvil. Solo podía repasar en su cabeza la imagen de ellos dos frente a él. Ellos en medio de un fulgor de gemidos sutiles. Él en absoluto silencio. La sensación de que su vida se desvanecía, el temblor en las rodillas, el dolor sordo, las náuseas, el vértigo. No sabía cuántas horas habían pasado desde que los vio juntos. Tal vez ocho. Tal vez menos. Cuando llegó a su casa, Rita le preguntó que qué sentía y él le respondió que nada.

No era verdad.

Querida Aurora:

ya me duele. Me duele mucho. Me duele en el estómago y en los brazos y en el pecho y en los labios. Me tiemblan las manos todo el tiempo. Me tiembla todo. No me puedo quedar dormido. Lloro desconsoladamente. Quiero ser comedido. Quiero llorar con compostura pero no puedo. Solo logro enunciar gritos y lamentos desgarrados que nacen de un lugar que no conocía hasta hoy, hasta ayer. Nace mi llanto de un dolor tan profundo, tan abismal, tan intenso, tan implacable que es inombrable, ~~increíble~~ indecible. Ni siquiera los peores adjetivos del mundo pudieran medio acercársele a lo ~~que~~ que siento. Ni siquiera palabras como: 'horripilante, enloquecedor', terrible, terrorífico, horrendo.

João

João escribió esa carta pero nunca la entregó. No lograba encarnar o transmitir de manera veraz sus sentimientos. Lloró tanto que pensó que iba a morir y después de muchos meses de no dormir ni de comer, de pensar que el mundo no tenía sentido, recordó sus olvidadas teorías afectivas y el poder de la neurolingüística y su parecido a la brujería.

El dolor que sentía era tan grande que ya no sentía otra cosa. Pensaba que solo quería salir de ese estado de shock para que él y su cuerpo entero se dieran cuenta de que lo que había visto era cierto y así comenzar a sentir. Cuanto más rápido comience el dolor, más rápido se irá, pensó.

Se sentó a escribir y a escribir y a escribir. Después de dos meses el resultado fue una canción que hacía las veces de programación neurolingüística remota, un conjuro que tenía el poder de hacer llorar a Aurora con solo oírla. Sin importar dónde estuviera, ni cómo se estuviera sintiendo.

Chorando se foi, conocida como la *Lambada*, una canción/aparato de manipulación psicoemocional tan efectiva que, aún hoy, cuando alguien la canta en una boda, Aurora siente dolor de estómago y tristeza en el cuerpo.

Esta fue la venganza de João, que nunca más se volvió a enamorar, que nunca más escribió teorías afectivas.

João hoy en día vive en un remoto pueblo de Chile y es millonario gracias a los derechos de la canción. Se dice que es famoso en Zimbawe y que alguien, algún día, hará un documental sobre su historia que le cambiará la vida a todos menos a él. Un documental que ganará el Oscar que Rita nunca ganó.

Teoría del No-Retorno Afectivo

ESTUDIO FINAL SOBRE LA PSICOAFECTIVIDAD POSITIVA

João Pedro de Almeida Santos Abreu - 21 DE JUNIO DE 1989

Lo más difícil es comenzar. Después de que el primer paso se ha dado solo hace falta dejarse llevar por esa fuerza invisible que jala a todos y a todo hacia adelante.

La tendencia natural es crecer, avanzar. Movernos del punto a, al punto b y luego al punto c (ver Fig.). Y aunque la vida nos haga volver al punto a, siempre, sin importar qué, después de esos regresos o retrocesos estará esperando de nuevo el punto d y después el punto e, el f, g, h, i, j, k, l, m, n, o, p, q, r, s, t, u, v, w, x, y, z.

La movilidad entre diferentes puntos vitales es indiferente al factor de que la fuerza de movimiento es, sin excepción, positiva.

La conclusión de la teoría del no-retorno afectivo es que siempre es más fácil ir hacia adelante que ir hacia atrás. Ir hacia atrás, aunque necesario, implica un mayor gasto de energía física y sobre todo emocional: esto sirve para viajes al pasado o para aquellos que disfrutan corriendo hacia atrás porque sienten que así no se harán daño en las rodillas.

Vivir en el pasado es científica y espiritualmente inviable. La vida está aquí y ahora.

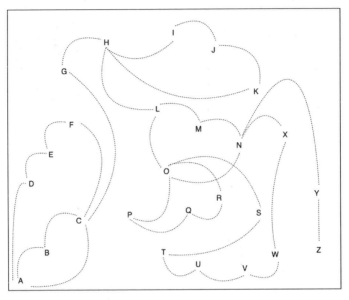

Fig. Mapa de movimiento armónico simple en las situaciones psicoafectivas del ser humano (DE ALMEIDA SANTOS ABREU, João).

KORN FLAKES

LECHE

RECETAS

Platos de todos los tipos para
sobrevivir a un corazón roto

NOTA: Todas estas recetas son producto de la
imaginación y talento de la chef Silvana Villegas, cabeza
creativa de Masa (su restaurante/panadería y lugar
donde se escribió la mayor parte de este libro).

SOPA MÁGICA QUE CURA TODOS LOS MALES

(en realidad es solo sopa de pollo con verduras)

6 porciones

INGREDIENTES

1 pechuga de pollo

6 tazas de agua

1 ½ cucharadita de sal

1 pizca de pimienta

2 dientes de ajo, finamente picados

1 cebolla roja, finamente picada

1 cucharada de mantequilla

1 zanahoria, pelada y cortada en dados pequeños

½ taza de maíz desgranado

⅓ taza de chícharos

⅓ taza de fríjoles

¼ de pimiento cortado en trozos pequeños

¼ de plátano verde mediano, pelado y cortado en dados

3 papas criollas, peladas y cortadas en dados

½ cebolleta

6 hojas de espinaca, cortadas en tiras

1 ramita de cilantro

sal y pimienta al gusto

PASOS

1. Poner la pechuga de pollo en una olla con el agua y una cucharadita de sal.

2. Cocinar a fuego medio aproximadamente durante 10 minutos hasta que esté completamente cocinada.

3. Sacarla y desmenuzarla. Guardar el agua en que se cocinó el pollo.

4. Lavar y cortar todos los vegetales.

5. Sofreír el ajo y la cebolla roja en un poco de mantequilla con media cucharadita de sal y pimienta.

6. Agregar el agua donde se cocinó la pechuga de pollo.

7. Agregar todos los vegetales picados, la papa, el plátano y una ramita de cilantro y cocinar hasta que la zanahoria y la papa estén blandos.

8. Sacar la rama de cilantro y sazonar con sal y pimienta.

9. Agregar la espinaca y el pollo desmenuzado.

10. Servir y decorar con un poco de cilantro picado.

GALLETAS DE LOS SENTIMIENTOS

(No se nos ocurrió un nombre mejor)

2 docenas o 24 galletas, como quiera ponerlo.

Esta receta consta de dos partes, la primera: hornear galletas de mantequilla, como las que comíamos cuando éramos niños. La segunda: escribir en ellas (con el icing) aquello que te agobia, que te hace llorar sobre la almohada en silencio todas las noches antes de dormir, aquello que no logras sacarte del pecho, un dolor que tengas instalado en la esquina derecha del estómago o un pensamiento que no te deja libre. Al cocinar las galletas, escribir en ellas y comértelas, estás convirtiendo un sentimiento, recuerdo o impulso funesto en algo positivo.

Usar esta receta en caso de:
Sentir ganas irremediables de cometer actos autodestructivos.
Sentir que algún sentimiento negativo es más grande que tú.
Tener pensamientos derrotistas recurrentes.
Tener ganas de comer galletas.

INGREDIENTES

250 gramos de mantequilla a temperatura ambiente
1 taza de azúcar refinado
1/8 taza de azúcar en polvo
2 ½ tazas de harina de trigo

172

<u>PASOS</u>

Precalentar el horno a 160°C.

1. En una batidora, o a mano, ablandar la mantequilla hasta conseguir una textura cremosa.
2. Una vez esté lista, agregar la mitad del azúcar refinado y amasar hasta que esté todo incorporado.
3. Mezclar la otra mitad del azúcar refinado con el azúcar en polvo e incorporar a la masa intercalando con la harina hasta que quede homogénea.
4. En una tabla limpia, espolvorear un poco de harina.
5. Estirar la masa con un rodillo hasta que quede de un grosor de medio centímetro. Medirlo con la regla que todavía guardas en casa desde que estabas en quinto de primaria.
6. Cortar las galletas con el molde de tu elección. Si no tienes molde haz figuritas o lo que se te ocurra con un cuchillo.
7. Poner las galletas en una charola y hornear a 160°C de 10 a 15 minutos. Ojo: no dejes que se doren.
8. Dejar enfriar.

<u>Icing para glasear la galleta/escribir tus sentimientos en ellas</u>

<u>INGREDIENTES</u>

½ taza de azúcar en polvo
2 cucharaditas de leche
colorante al gusto

1. En un bol agregar el azúcar y la leche y mezclar con una batidora o cuchara.
2. Mezclar el azúcar y la leche hasta que quede como una pasta de dientes pero más suave. Esto lo puedes hacer agregando un poco más de azúcar en polvo o menos leche.
3. Agregarle el colorante de acuerdo a la decoración que le quieras hacer a tu galleta, introducir la mezcla en una manga pastelera pequeña y escribir.

GANAS DE REINCIDIR CON MI EX

IDEA No. 1

GANAS DE TEXTEAR BORRACHO

IDEA No. 2

IDEA No. 3

IDEA No. 4

IDEA No. 5

IDEA No. 6

ARROZ CON HUEVO (OPCIÓN VEGETARIANA)

1 porción (para alguien que tiene mucha hambre porque el desamor le ha hecho perder toda noción de lo que es una porción decente. Si este no es su caso, puede compartir con un amigo o el perro).

Esta receta es una reinvención de un clásico colombiano y sirve como un medidor de tu estado emocional.

CAPAZ DE COCINAR UN ARROZ CON HUEVO = BIEN

INCAPAZ DE COCINAR UN ARROZ CON HUEVO = MAL

Arroz

INGREDIENTES NORMALES

⅛ de cebolla blanca, finamente picada
1 diente de ajo, finamente picado
½ cucharada de aceite de oliva
2 tazas de agua
⅛ de pimiento
½ cebollín
1 cucharadita de sal
2 tazas de arroz blanco
3 huevos
1 cucharada de mantequilla
sal al gusto

INGREDIENTES MÁGICOS

(Necesarios para hacer hogao, una salsa colombiana de otro mundo que se usa como base para platos típicos o como un aderezo para básicamente cualquier cosa, desde arepas hasta yuca frita. Hogao viene de la palabra "ahogado", lo cual no es ninguna coincidencia, sabemos que se está ahogando en sus propios sentimientos, en su propio dolor y tristeza, así que pensamos que esta receta le puede ayudar).

1 cucharadita de aceite vegetal
1 ½ cebollines, finamente picados
1 diente de ajo, picado
2 tomates frescos, en dados
4 cucharadas de agua
sal al gusto

PASOS PARA HOGAO MÁGICO

1. Freír el cebollín y el ajo en una sartén con aceite vegetal.
2. Añadir la sal.
3. Añadir el resto de los ingredientes y cocinar, batiendo de vez en cuando hasta que reduzca.
4. Ajustar la sazón y guardar para más tarde.

PASOS PARA LA PRIMERA PARTE DE LA RECETA
Rinde aproximadamente 4 tazas de arroz cocinado

1. Sofreír la cebolla blanca y el ajo en una olla o sartén con una cucharada de aceite.
2. Añadir el agua, el trozo de pimiento, el cebollín y la sal.
3. Agregar el arroz y cocinar a fuego medio.
4. Cuando se evapore el agua, tapar, bajar a fuego lento y cocinar durante 15 minutos más.
5. Una vez se abra el arroz, retirar del fuego y guardar.

Nota: Si le da mucha pereza, puede simplemente usar el arroz que le sobró de la última comida y que tiene guardado en la nevera. Silvana dice que hasta puede que le sepa mejor la receta.

1. Batir 2 huevos en un bol y agregar media cucharadita de sal.
2. En una sartén poner la mantequilla, añadir los huevos y 1 taza de arroz.
3. Revolver todo hasta que esté incorporado y húmedo pero cocido.
4. Freír el otro huevo en una sartén con mantequilla.
5. Servir el arroz con el huevo frito encima y el hogao mágico.

GALLETAS CON TROZOS DE CHOCOLATE

2 docenas, aproximadamente

Son galletas con trozos de chocolate pero deberían llamarse galletas para salir de una depresión. Si esto no te hace sentir feliz, no sé qué lo hará.

INGREDIENTES

1 ½ taza de azúcar
1 taza de mantequilla derretida
1 huevo
½ cucharada de vainilla
1 ½ taza de harina de trigo
1 pizca de bicarbonato
¼ cucharadita de levadura en polvo
½ cucharadita de sal
188 gramos de trozos de chocolate 53% o semiamargo

PASOS

1. Mezclar la mantequilla y el azúcar.
2. Revolver el huevo con la vainilla y agregarlo a la mantequilla.
3. En un bol aparte mezclar la harina, la sal, la levadura y el bicarbonato y agregar a la mezcla.
4. Añadir los trozos de chocolate.
5. Dividir en porciones con una cuchara de helado dependiendo de cuántas galletas quieras. Ponerlas en una charola con suficiente espacio entre ellas para que no se peguen.
6. Congelar de 15 a 30 minutos.
7. Hornear a 175°C durante 12 minutos aproximadamente.

En casos de depresión severa no dudes en convertirlas en sándwich de helado.

PASOS

1. Hacer una bola con tu helado favorito.
2. Haga un sándwich de helado con dos galletas.

HOT CAKES

5 porciones

Un clásico que se puede modificar dependiendo del estado de ánimo o del nivel de rabia. Si lo acompañas con frutas, por ejemplo, tu corazón te está diciendo algo muy distinto a si lo acompañas con crema chantillí, o dulce de leche, o helado, o las tres juntas. El corazón a veces habla a través de antojos.

INGREDIENTES

1 taza de harina de trigo
2 cucharadas de azúcar refinado
½ cucharadita de levadura en polvo
½ cucharadita de sal
1 taza de leche
1 huevo
2 cucharadas de mantequilla
1 cucharada de aceite o mantequilla

PASOS

1. Mezclar la harina, el azúcar, la levadura y la sal en un bol.
2. Agregar la leche y el huevo y mezclar con batidora evitando que se formen grumos.
3. Derretir la mantequilla y añadirla a la mezcla.
4. Echar aceite o mantequilla en una sartén que no esté muy caliente y verter la mezcla de los hot cakes.
5. Tapar para que se cueza más rápido.
6. Cocer a fuego lento hasta que a los hot cakes les salgan burbujas y estén suficientemente cocinados para darles la vuelta con una espátula.
7. Servir y acompañar con plátanos, arándanos, fresas, crema chantillí, helado o lo que tu estado de ánimo te pida.

BREAD PUDDING DE CROISSANT

4 a 6 porciones

Esta receta puede salir muy bien o muy mal.
Que el resultado sea un medidor de tu progreso emocional.

INGREDIENTES

2 cucharadas de azúcar

3 croissants

1 huevo

2/3 taza de leche

½ taza de crema de leche

½ cucharadita de vainilla

1 ½ cucharadita de brandy

2 cucharadas de uvas pasas (opcional)

1 cucharada de mantequilla

azúcar en polvo para decorar

helado (opcional)

PASOS

1. Precalentar el horno a 175°C.
2. Engrasar un molde tipo ramekín con mantequilla y luego cubrir con azúcar granulado.
3. Cortar el croissant en trozos pequeños iguales y poner en un bol.
4. Batir el huevo en un bol.
5. Mezclar la leche, la media crema y el azúcar en una olla e inmediatamente echar la mezcla caliente a los huevos y batir constantemente.
6. Llevar a punto de hervor.
7. Devolver inmediatamente a la olla y cocinar por unos minutos hasta que vuelva a hervir.
8. Retirar del fuego y añadir la vainilla y el brandy.
9. Verter toda la mezcla encima de los trozos de croissant y agregar uvas pasas.
10. Mezclar bien hasta que el pan absorba todo el líquido.
11. Porcionar en los ramekíns.
12. Hornear de 10 a 12 minutos aproximadamente o hasta que el pan se dore.
13. Decorar con azúcar en polvo.
14. Servir frío o caliente acompañado del helado.

CHEESECAKE SIN HORNEAR

6 porciones

Ideal si se te olvidó pagar la luz o el gas por estar llorando en la cama.

Para el cheesecake

INGREDIENTES

¼ taza de azúcar

1 taza de queso cremoso

¼ cucharadita de zumo de limón

½ cucharadita de zumo de naranja

½ cucharadita de vainilla

½ taza de crema de leche

PASOS

1. En una batidora mezclar la mitad del azúcar con el queso cremoso.
2. Añadirle el zumo de limón, el zumo de naranja y la vainilla.
3. En un bol aparte batir la media crema con la otra mitad del azúcar hasta que quede firme.
4. Con una espátula, mezclar la media crema batida con la mezcla de queso cremoso. La idea es que quede esponjoso.
5. Poner en una manga y refrigerar por 1 hora.

Para las galletas

INGREDIENTES

4 galletas tostadas
¼ taza de mantequilla
2 cucharadas de azúcar
fresas, arándanos y/o frambuesas (al gusto)
limón al gusto

PASOS
1. Precalentar el horno 160°C.
2. Trocear las galletas hasta hacerlas polvo.
3. Derretir la mantequilla.
4. Mezclar el polvo de galletas, el azúcar y la mantequilla.
5. Poner la mezcla en un molde de lata sobre papel para hornear y meter al horno durante 5 minutos o hasta que la galleta se dore.
6. Sacar del horno y dejar enfriar.

PARA SERVIR

1. Picar las fresas, los arándanos y/o las frambuesas y echarles unas gotas de limón para que no se oxiden.
2. En una copa transparente poner un poco de la crema de queso (nuestro cheesecake sin hornear).
3. Agregar una capa de bayas y espolvorear con la galleta.
4. Repetir el proceso superponiendo en capas.
5. Servir frío.

GRILLED CHEESE SÁNDWICH CON PAPAS FRITAS

1 porción

Hay gente muy profesional que lo hace en sartén en lugar de en sandwichera, así como hay maestros espirituales que no necesitarán este libro. Allá ellos.

INGREDIENTES

2 panes brioche/country sour/de mie
mantequilla al gusto
4 rebanadas (10g) de queso gruyer
2 rebanadas (10 g) de queso gouda
2 cucharadas de mermelada de cebolla roja (receta a continuación)

PASOS

1. Cortar el pan y untar una de las tapas con la mermelada de cebolla.
2. Untar con mantequilla la tapa del pan.
3. Agregar el queso, tapar y poner en la sandwichera.

PARA SERVIR

1. Cortar el sándwich de manera que queden dos pequeños triángulos.
2. Servir en un plato bonito. Es para ti.
3. Acompañar con unas papas fritas (puedes hacerlas en casa o comprarlas en algún lado).

Mermelada de cebolla

INGREDIENTES

½ cebolla roja
½ cucharada de aceite de oliva
¼ cucharadita de sal
½ cucharada de azúcar
½ cucharadita de vinagre balsámico
ralladura de naranja (opcional)

PASOS

1. Cortar la cebolla finamente y saltear en una olla a fuego medio hasta que la cebolla tenga un color translúcido.
2. Añadir la sal.
3. Añadir el azúcar y cocinar durante unos 5 minutos más o hasta que la cebolla esté blandita.
4. Añadir el vinagre balsámico y un poquito de ralladura de naranja.
5. Enfriar.

POLLO
AL HORNO

4 porciones

Esta receta es buena porque te mantendrá dos horas ocupado en otra cosa diferente a tu tristeza. Si sigues las instrucciones al pie de la letra te sentirás como un pequeño chef y por ende serás capaz de todo.

INGREDIENTES

1 pollo entero

2 dientes de ajo, finamente picados

2 cucharadas de mantequilla

6 ramitas de tomillo

6 zanahorias pequeñas, peladas y cortadas por la mitad

1 poro (solo partes blancas), cortado por la mitad

1 cebolla blanca, cuarteada

5 papas rojas

2 cucharadas de aceite de oliva

2 cucharaditas de sal

1 cucharadita de pimienta

PASOS

1. Precalentar el horno a 230°C.
2. Secar bien el pollo con un papel de cocina.
3. Machacar el ajo con un poquito de sal y untárselo al pollo por dentro y por fuera.
4. Juega con la mantequilla como si fuera plastilina (asegúrate de tener las manos limpias). Una vez que se haya ablandado, cubre todo el pollo con ella, por dentro y por fuera. Jugar con la mantequilla te ayudará a relajarte.
5. Sazonar la parte de dentro del pollo con sal y pimienta y meter las seis ramas de tomillo.
6. Poner el pollo en un refractario con las pechugas hacia arriba y atarlo de las patas y alas.
7. Mezclar las papas con los otros vegetales, sazonar con sal, pimienta, cuatro ramitas de tomillo y aceite de oliva.
8. Poner las papas y los vegetales alrededor del pollo, sazonar con sal y agregar el resto del aceite.
9. Hornear durante 25 minutos.
10. Bajar la temperatura a 200°C y hornear de 30 a 40 minutos o hasta que la temperatura interna de los muslos del pollo sea de 73°C.
11. Servir.

GUÍA PARA EL AMOR POS-DESAMOR

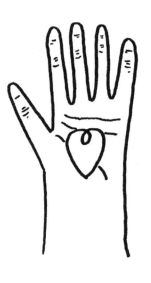

Hacer guías para el desamor es fácil. Hacer guías para el amor, por otro lado, es casi imposible. ¿La razón? No sabemos amar. Aprendemos del amor viendo La Sirenita, que le entrega su mayor talento (su voz) a Úrsula, que es mala y miedosa, para ~~convert~~ convertirse en alguien que no es e irse detrás de un hombre que no conoce. Eso no está bien. Y, si amar nos resulta difícil, amar después del desamor es peor. Aún nos sentimos medio rotos, llenos de fantasmas y con constante hipocondría de volver a sentir un dolor tan hondo como el que recientemente dejamos atrás.

Para superar esos temores y no cometer errores como La Sirenita, acá está una guía para el amor después del desamor.

*99.999% DE PROBABILIDADES DE ÉXITO SI SIGUE LA GUÍA AL PIE DE LA LETRA

PARTE No. 1
CÓMO <u>NO</u> AMAR

Amar es una ~~experiencia~~ experiencia individual ⊕ e intransferible. Hay tantas formas de amar como fotos de las Kardashian en el mundo. Esta es una lista ⊕ de ejemplos de cómo NO amar, en tanto no existe una guía de cómo sí hacerlo.

> NO LE PEGUÉ, SE ME DESLIZÓ LA MANO

COMO OSVALDO RÍOS A SHAKIRA (O COMO CHRIS BROWN A RIHANNA)

> ME AMA, ME TIENE METIDA EN UN CUARTICO, ESO ES AMOR DE VERDAD

COMO BETTY A DON ARMANDO

LO AMO, VIVE EN MI CASA CON SU ESPOSA

VOY A DESAPARECER UN MES PARA DEMOSTRARLE CUÁNTO ME IMPORTA Y LA AMO

¿ADICTA AL AMOR? ¿YO? ESO JAMÁS

LA GENTE QUE DICE QUE HABÍA ESPACIO EN ESA TABLA PARA MÍ ES ENVIDIOSA. ROSE ME AMA.

DIBUJE ACÁ ALGUNOS EJEMPLOS DE CÓMO NO AMAR (SE VALE INCLUIR A EX-NOVIO/AS, EX-AMANTES O A ~~UNO~~ USTED MISMO)

QUERIDO DIOS:

O ME CONSIGUES A ALGUIEN QUE ME QUITE EL FRÍO O ACABAS CON EL FRÍO POR SIEMPRE.

PARTE No. 2
BUSCANDO UN
POCO DE AMOR

Como lo formularía la gran filósofa existenc· ~~existenc·~~ existencial Cher: "¿Crees en la vida después del amor?". En mi caso personal la respuesta era un rotundo NO. Todo lo que creía del amor se había desplomado. Mis esfuerzos habían sido en vano. Mi decepción era demasiado profunda. No solo me costaba trabajo reinventarme a mí misma y hacerme a una nueva vida, sino que me convertí en una cínica irremediable. "El amor no existe" ~~&~~ fue por mucho tiempo mi lema de vida. Estaba decidida a renunciar al amor para siempre y encontrar afecto incondicional en una perrita de raza Bernés de la montaña a la que le iba a poner Cindy por Cindy Crawford. Cindy nunca me iba a traicionar, estaría feliz de verme todos los días de su vida, Cindy no me iba a regañar por no lavar los platos, no me dejaría por la ex de mi ex y no me diría cosas como: "Hace mucho no pones una foto mía en Instagram, seguro es porque ya no me amas".

Sin embargo, la vida es sabia (y un Bernés de la montaña no cabe en mi casa). Así que, aun con un montón de miedos, descubrí que lo que estaba buscando no era a Cindy sino a un nuevo (y más sano) amor.

ESTA ES CINDY. ~~LA MASCOTA~~
LO MEJOR QUE NO ME HA PASADO
EN LA VIDA. CINDY, TE AMO.

*VER A UNA CINDY EN LA CALLE ES DE BUENA
SUERTE PARA EL AMOR. TÓMELE UNA FOTO
Y SÚBALA CON EL HASHTAG #CINDYTRAEELAMOR

Acá una guía de pre-requisitos
necesarios para encontrar amor después
del desamor:

1. A menos de que usted sea Taylor
   Swift, procure pasar un tiempo
   solo. El desamor no funciona
   como el zika, es decir, no es
   necesario hacer cuarentena para
   volver a amar, pero recuerde
   que el tiempo todo lo sana, todo
   lo cura y (casi) todo lo puede.

2. Asegúrese de que su historia
   pasada esté en el lugar ~~creado~~ al
   que pertenece. Sea cual sea ese
   lugar, recuerde que es un lugar
   que usted ya NO habita. (A menos de
   que sí lo haga, en ese caso vuelva
   a leer este libro desde el comienzo).

3. El amor no se aparece como Beetlejuice, (aunque debería), si realmente quiere encontrar a alguien hay que trabajar por ello. Es decir: estar dispuesto a conocer gente nueva, salir mucho, pasar por malas citas, aprender a coquetear vía Tinder (jamás por ~~Linked~~ LinkedIn) y todas esas cosas que pueden ser un poco infernales pero que algún día valdrán la pena.

4. En tanto no soy experta en el tema no sé me ocurre nada más pero sí a usted sí, por favor escríbalo aquí:

_____
_____
_____
_____
_____
_____
_____
_____

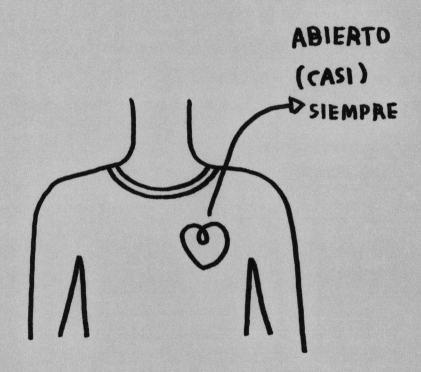

PARTE No. 3
LA TEORÍA DEL VIAJE

La apertura emocional debe funcionar como un viaje en todo el sentido de la palabra. Es necesario abrirse a nuevas experiencias, salir de la zona de confort, querer probarlo todo (o casi todo), dejar atrás los miedos y sobretodo: soltar.

No sé quién fue el que dijo que el amor no es un destino sino un viaje (creo que fue Aerosmith, Mia Astral o tal vez me lo acabo de inventar), sea como sea, si está listo para volver a amar, comenzar por estas tres opciones es buena idea:

UNO
VIAJAR A OTRO LUGAR

En palabras de Terry Pratchett: "¿Para qué nos vamos? Para volver. Para ver el lugar al que pertenecemos con nuevos ojos y más colores. Y cuando volvemos la gente nos ve con nuevos ojos también. Regresar no es lo mismo que jamás haberse ido".

En ese sentido no hay nada más terapéutico que un viaje, ya sea a Bali o a la casa de su mejor amigo. Viajar sirve para volver a usted mismo, para reconectarse con lo esencial, para recordar las pequeñas cosas que lo hacen feliz y también para conocer gente nueva, encontrar al amor de su vida en un concierto o algo así, uno nunca sabe.

DOS
VIAJAR A OTRAS PERSONAS

Esta es la parte en la que digo que no existe tal cosa como "un clavo saca a otro clavo". ~~Completamente~~ Existen amantes correctos y amantes equivocados. Lo ideal es asumir que conocer a otros va a ser también un viaje que puede terminar mal, que puede ser divertido pero corto o que puede ser (si los planetas se alinean y Cristo, la Virgen y Beyoncé lo permiten) algo que trascienda.

Viajar a otros cuerpos está bien mientras no sea una excusa para no lidiar con tristezas o para huir de usted mismo.

AMANTE EQUIVOCADO

CUANDO HABLAS DE ESTA PERSONA DICES "ES UN GRAN POLVO, PERO..."

TE HACE LLORAR

PIENSA QUE RICARDO ARJONA ES UN POETA

TIENE NOVIO/A O ESTÁ CASADO

TE DEBE PLATA

NO MUESTRA INTERÉS EN TU VIDA/SENTIMIENTOS

NO LE GUSTAN LOS ANIMALES

AMANTE CORRECTO

TE INVITA A SER SIEMPRE MEJOR

NO TE JUZGA SI SI TE GUSTAN LAS KARDASHIAN

LO/A PIENSAS HASTA CUANDO SUENAN CANCIONES DE reguetón

ADMIRAS LO QUE HACE

SIEMPRE HUELE RICO

TE HACE REÍR HORAS ENTERAS

TUS AMIGOS LO/LA AMAN

207

TRES
VIAJE A UNO MISMO

En verdad este es un viaje que no debería acabar nunca. Viajar a uno mismo significa intentar ~~nunca~~ no traicionarse y estar conectado con eso que hace que usted sea usted. *

MANERAS DE VIAJAR INTERIORMENTE

LA HISTORIA DEL AMOR

HACER ALGO QUE AMA

SÍ, ESTO SON MANOS DE MEDITACIÓN

MEDITAR

TENER CITAS CON UNO MISMO

TENER UN DIARIO

* DIOS, PERDÓNAME SI ESTA FRASE PARECE ESCRITA POR UN AUTOR GENÉRICO DE AUTOAYUDA. AMÉN.

PARTE No. 4
MAESTROS DEL AMOR RENACIDO

Personajes de inmensa sabiduría emocional ~~que~~ cuyas lecciones de vida (es decir, sus canciones) ayudan a volver a creer en en el amor, a creer que todo es posible.

NATALIA LAFOURCADE

Santa Patrona del optimismo renacido

"ESTOY LISTA PARA NACER, ESTOY LISTA PARA DECIRTE ADIÓS, QUIERO AGRADECÉRTELO"

JUAN GABRIEL

Máximo Pontífice de TODO lo que tiene que ver con amor

"YA NO TE AMO, ME HE ENAMORADO, DE UN SER DIVINO, DE UN BUEN AMOR, QUE ME ENSEÑÓ A OLVIDAR Y A PERDONAR"

BEYONCÉ

Sacerdotisa del amor renacido

"REMEMBER THOSE WALLS I BUILT? WELL BABY THEY'RE TUMBLING DOWN AND THEY DIDN'T EVEN PUT UP A FIGHT, THEY DIDN'T EVEN MAKE A SOUND"

SADE

Madre Superiora de la
confianza emocional

"WHEN YOU'RE ON THE
OUTSIDE BABY AND YOU
CAN'T GET IN, I WILL
SHOW YOU, YOU'RE SO
MUCH BETTER THAN
YOU KNOW"

MALUMA

Profeta del amor sensato

"YA SUFRÍ LO QUE DEBÍA
SUFRIR. CASI NO LOGRO
CREER EN MÍ. TOMÉMOSLO
LENTO AUNQUE NO SEA
LO QUE SIENTO, BABY"

PARTE No. 5
ENAMORARSE
(DE USTED MISMO)

Si lo dice hasta Jesús es por que es verdad:
No hay manera de amar a otro sin amarse
a uno primero. Parece fácil e incluso
suena cliché pero Dios sabe que es, tal
vez, una de las tareas más difíciles,
sobretodo si uno viene de tener el
corazón roto, la autoestima vulnerada
y los ojos sobreexpuestos a fotos de
Kendall Jenner. o al talento de Tina
Fey. A continuación encontrará algunos
rituales que lo ayudarán a cultivar
el amor propio.

→ la conjugación más horrible del planeta

1. Dedíquese una canción a usted mismo (es en serio) y cántela a todo volumen al menos una vez al día.

   (SUGERENCIA: The Greatest de Sia o Soy yo de Bomba Estéreo)

2. Escriba aquí su propio ritual:

   _____
   _____
   _____
   _____

3. Recorte cualquiera de estos stickers y úselos para premiarse a usted mismo.

PARTE N.o 6

ENAMORAR A OTRO

Si siente que ya está listo/a para aventurarse de nuevo en terrenos amorosos, utilice estas imágenes para conquistar directa o indirectamente (subiéndolas "casualmente" a Instagram, por ejemplo).

ADVERTENCIA:

- Usar con cuidado
- No intente que un nuevo amor sea todo lo que un amor pasado no fue, simplemente déjelo ser.
- Actúe con cautela, a veces una nueva ilusión puede llevar a actos desmedidos y excesos emocionales.

- Recuerde: no porque a esa persona le guste el mismo sabor de pizza, o la misma canción de la misma banda que nadie más conoce, significa que es el amor de su vida.

YA ES HORA
DE SER FELIZ

ME GUSTA
SABER QUE
ME GUSTAS

call me,
MAY BE

ESTOY MEDIO ROTA
PERO ME GUSTAS

NO
NECESITO
ESTAR
AHÍ PARA
ESTAR
AHÍ

·TODAS·
las CANCIONES
DE AMOR
HABLAN DE MI
(de nosotros)

PARTE No. 7
LA TEORÍA DEL HELADO

con quien todo va
→ ~~sope~~ sospechosamente
bien

Es fácil conocer a alguien nuevo y sentirse
invadido de preocupaciones hipocondríacas
del amor tipo:

- ¿Y si esto se acaba?

- ¿Será que lo estoy haciendo bien?

- No he comenzado y ya tengo miedo
de que termine

- ¿Y si me vuelve a pasar lo de la
vez pasada?

- ¿Y si me pasa lo que le pasó a
Jennifer Aniston?

- ¿Esto es normal? ¿Qué es normal?
¿Soy normal? ¡Mamá, ayuda!

Si ese es su caso (no se preocupe, sí es normal, creo), es momento de entender la teoría del helado.

TEORIA DEL HELADO
(APLICADA AL AMOR)

Nadie se come un helado pensando que se va a acabar. De lo contrario, nadie comería helado.

CONCLUSIÓN

Disfrute su helado (y deje de pensar tanto).

FIN.

→ esto es un helado.

→ este es otro helado

→ esto es una paleta que cuenta como helado

BOLA
DE CRISTAL
PARA
AMORES
FUTUROS

IF YOU WANT MY
FUTURE, FORGET MY
PAST.

— SPICE GIRLS

AGRADECIMIENTOS

Gracias a todos aquellos que me ayudaron para que este libro fuera una realidad. Gracias a todos los que le rompieron el corazón a aquellos que me ayudaron pues sin ellos este libro no existiría.

LOS QUE ME AYUDARON	LOS QUE LE ROMPIERON EL CORAZÓN A ELLOS
Mamá	Papá
Marcel	Laura
Gloria	Ese señor
Alejandro	No sabe. No responde.
Alejandra	Estefanía
Silvana	El brasilero
Julián	La poliamorosa
Martín	No aplica
Juliana	Felipe

A Marcel Ventura por ser el mejor editor que alguien que escribe a mano (y por lo tanto se demora el doble) pueda tener. Eres generoso y brillante y vamos a conquistar el mundo juntos.

A Mamá que ha luchado tantas batallas con dignidad y me ha enseñado a ser fuerte. A Santiago porque me inspira más de lo que cree. A Papá por darme gusto en su momento y comprarme todos los libros y marcadores que quisiera así ya no tuviera diez años (sin esos libros y marcadores esto jamás hubiera ocurrido). A Lili, Maria, José David y mi tía María Eugenia.

A Lyda, Camila y Diana por hacer maravillas con mis ~~dibujitos~~ dibujos, por no matarme cuando diagramaron este libro.

A Carol y Juanita, mis cómplices.

A Alejandro Gómez Dugard, Gloria Susana Esquivel y Alejandra Algorta por sentarse a editar, colorear, organizar y pensar este libro conmigo. Por ser las personas más nobles y talentosas que conozco. Por hacerme sentir millonaria en el Banco de Los Amigos.

A Silvana Villegas por prestarle su talento a este libro, por ser mi amiga y mi familia, por no juzgarme cuando pido lo mismo cada vez que salimos a comer. A Julián Jaramillo y a Oliver Siegenthaler por inspirarme y creer en mí.

A Elsa María Candamil que escribió también este libro y que es la mejor terapeuta del mundo. A Hernán Molano y Albalá porque sin ellos jamás habría vuelto a nacer.

A todos los amigos que abandoné por ~~encerrar~~ encerrarme a trabajar y a quienes les llegará una copia

de este libro con una carta pidiendo
perdón. ¿Volvemos a ser amigos?

☐ Sí

☐ No

☐ Deja de ser tan dramática Amalia

A todos aquellos que me leen en internet
y siempre tienen algo bonito por decir
así yo sea una extraña (que en la
vida real llora con cada uno de sus
mensajes).

A la Mamma, por dármelo todo, por
convencerme de que estoy hecha para
cosas grandes.

¡Hola! Soy Amalia Andrade, nací en Cali, Colombia en 1986. Cursé Estudios Literarios en la Pontificia Universidad Javeriana de Bogotá. Dibujo desde siempre. He colaborado para diferentes revistas en Colombia y Estados Unidos. Creo fielmente en los poderes de llevar un diario. Cuando grande quiero ser una mezcla entre Sylvia Plath y Tina Fey. No sé que más escribir porque mi editor me puso esta tarea y escribir de uno mismo es imposible. Vivo en Chapinero con Lady George Michael y Valiente Gracia, mis gatas.

WEB

www. amalia andrade . com

FACEBOOK

Amalia Andrade

TWITTER

@amaliaandrade_

INSTAGRAM

amaliaandrade_